Large Print
Word Search Puzzle Book
For Senior

Suzanne Toya

THINK HAPPY. BE HAPPY

ISBN 9781701340121

Table of Content

Introduction

Welcome to this amazing word search puzzles book! These 80 fun themed word search puzzles will keep your brain active to boost your memory and brain development.

Discover history title like "Women Who Changed the World" or even "Daily Motivation" to start your day with positivity. Not to forget everyone's favorite "Chocolate Lover" for desserts. This enjoyable and low stress puzzle option will keep you occupy for hours of fun.

How to Get Started?

Search for the given words in the grid, running in one of eight possible directions horizontally, vertically, or diagonally.

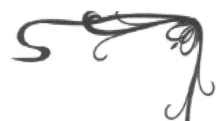

Puzzle #1

3... 2.. 1... SEWING

```
Y  L  Z  S  K  I  N  C  L  O  T  H  I  N  G
J  J  C  T  S  T  R  A  E  L  I  T  X  E  T
F  N  R  A  Y  G  N  I  N  N  I  P  S  P  J
L  O  Y  H  E  H  J  F  J  F  N  M  D  V  W
X  K  G  A  R  S  P  O  H  S  T  A  E  W  S
T  A  I  L  O  R  I  N  G  L  E  C  R  Q  I
S  A  U  Y  S  U  I  A  K  S  I  H  O  I  C
J  R  W  S  M  T  H  O  B  B  Y  I  S  T  S
C  G  E  S  E  H  C  T  I  T  S  N  N  H  R
M  U  C  G  C  K  N  E  E  D  L  E  S  N  W
U  W  T  R  R  I  O  Q  J  T  H  R  E  A  D
E  V  I  T  A  E  R  C  U  B  I  Q  W  V  A
I  Z  X  E  I  F  S  B  O  P  O  S  N  Q  F
X  B  C  D  Q  N  T  A  A  Q  P  N  M  Z  Q
W  E  A  V  I  N  G  C  L  F  S  X  H  H  E
```

CRAFT	OBJECTS	TAILORING
CREATIVE	SERGERS	TEXTILE ARTS
CUTTING	SEWN	THREAD
FABRIC	SKIN CLOTHING	WEAVING
HOBBYISTS	SPINNING YARN	
MACHINE	STITCHES	
NEEDLES	SWEATSHOPS	

Puzzle #2

70'S FASHION TREND

```
D  S  I  E  L  G  N  A  B  E  G  R  A  L  N
S  Z  L  O  I  P  O  T  T  N  A  S  A  E  P
M  S  E  H  L  W  M  L  X  G  E  E  V  F  F
R  Q  E  I  Q  C  A  Q  D  Q  O  I  B  O  F
S  Y  R  R  P  A  L  B  E  D  Y  O  S  U  M
E  G  U  R  D  P  O  O  P  K  I  P  D  J  A
E  I  A  B  E  D  I  W  G  M  T  S  C  L  X
U  G  T  K  D  T  O  H  T  S  Q  E  C  G  I
J  N  R  K  D  P  R  M  A  Q  S  Q  H  O  D
Y  E  J  S  C  F  L  O  P  P  Y  H  A  T  R
G  R  S  L  L  E  B  D  E  R  O  L  O  C  E
R  Y  T  K  C  E  N  E  L  T  R  U  T  E  S
N  L  U  B  G  R  R  Z  M  Z  Z  I  F  Q  S
D  M  D  M  J  X  E  C  W  I  W  C  F  Z  D
B  Q  M  Y  X  R  X  C  I  Y  W  V  E  L  E
```

BOW	HIPPIE	PEASANT TOP
CLOGS SHOES	LARGE BANGLE	RETRO
COLORED BELLS	MAXI DRESS	TURTLENECK
FLOPPY HAT	MOD DRESS	
GOLD DISCO	NECKTIE	

3

Puzzle #3

80'S FASHION TREND

```
G C I H K O I K J L B X O C B
E L P P S S V G D S L R O N K
S G P N I M R B A B A O A Z M
T L A R T A I T C Q Z C E R D
Y Y L T D R A N C B E K A Q J
L I K A N R I V E F R F B R V
E H J X R I A K S D S A L K S
L L M S I E V P S M Z S P H O
B C H J O X V V O G P H R M X
D C O S D Z D O R E N I F X F
U N N J S G F F I C L O M Y H
O T E X K D P L E S E N L Q A
J E R V J U M P S U I T W I Y
L A R P O T E L F F U R T E Q
S Z Q S B W W T Q F W U A U G
```

ACCESSORIES
BLAZERS
DENIMS
JUMPSUIT
LEOPARD

LONG SKIRT
OVERALLS
ROCK FASHION
RUFFLE TOP
STYLE LBD

VINTAGE
WOVEN

4

Puzzle #4

90'S FASHION

```
G  S  G  O  L  D  F  A  S  H  I  O  N  E  D
C  O  R  S  E  T  S  R  E  K  A  E  N  S  K
P  B  O  E  W  A  E  N  T  H  Y  U  V  S  S
F  L  G  Z  K  L  L  V  A  I  G  K  Y  U  F
R  C  A  N  F  C  A  M  O  P  A  N  T  S  V
S  G  N  I  R  D  O  O  M  H  P  X  V  V  B
F  A  R  H  D  U  H  H  Y  U  L  A  P  C  K
C  S  P  O  T  P  O  R  C  G  V  I  R  H  N
S  K  T  L  G  L  A  N  I  G  I  R  O  E  K
J  P  V  I  R  P  A  Z  Y  E  Q  F  R  K  L
S  C  A  R  F  T  O  P  S  R  N  S  T  O  R
W  O  M  R  S  T  R  I  K  S  I  N  I  M  R
S  E  B  U  T  K  U  H  L  E  Q  E  N  H  N
S  P  L  H  C  S  O  O  A  G  I  H  T  L  W
T  S  T  L  E  B  N  I  A  H  C  J  P  R  N
```

APPAREL	MINI SKIRT	SNEAKERS
CAMO PANTS	MOOD RINGS	STRAPS
CHAIN BELTS	OLD FASHIONED	TUBES
CHOCKERS	ORIGINAL	
CORSETS	OUTFIT	
CROP TOPS	PLAID	
HIP HUGGERS	SCARF TOPS	

5

A LEANER, MEANER RESOLUTION

```
N  J  C  O  N  S  I  S  T  E  N  T  K  X  D
O  E  O  E  Y  P  R  E  F  D  E  P  Z  G  O
T  R  F  U  E  T  I  O  T  A  A  P  W  Q  W
W  N  V  F  T  N  Q  E  R  U  I  E  K  F  W
Y  R  E  V  O  C  S  I  D  R  L  L  S  Q  T
T  X  P  M  O  R  O  K  S  I  E  O  U  K  Q
S  E  S  E  T  W  T  M  R  S  A  Z  S  R  H
N  S  G  C  D  I  Q  F  E  D  U  S  T  E  E
P  C  I  R  C  U  M  S  T  A  N  C  E  S  R
U  P  Y  Q  A  N  T  M  X  I  J  S  O  N  K
W  C  H  R  A  T  E  I  O  A  R  P  U  F  D
T  W  S  S  B  X  A  V  T  C  M  G  D  V  P
P  C  J  T  S  U  J  D  A  T  T  E  M  P  T
J  P  S  Y  D  R  U  T  S  R  A  B  Z  X  H
G  C  C  Z  Z  P  O  S  S  I  B  L  E  A  A
```

ADJUST
ATTEMPT
ATTITUDE
BRAVE
CIRCUMSTANCES
COMMITMENT
CONSISTENT

DISCOVERY
EFFORT
ERRORS
FAILURE
FOCUS
GRIT
OUTCOME

POSSIBLE
RESOLUTE
STURDY
TARGET
VOW

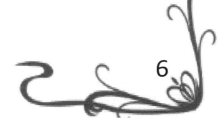

ACCESSORIES IS THE VITAMIN FASHION

```
X  W  L  K  E  Q  M  I  E  G  E  V  S  Y  B
C  Y  T  N  A  Y  O  B  M  A  L  F  T  J  G
J  C  J  A  R  T  E  L  E  C  A  R  B  E  J
Z  S  G  N  I  H  T  O  L  C  H  L  O  P  S
R  C  O  S  M  E  T  I  C  S  H  H  V  C  S
Z  E  Y  R  U  X  U  L  R  S  C  I  T  E  M
A  X  T  R  S  H  B  H  S  E  L  G  N  A  B
P  P  E  T  L  G  A  Q  O  X  O  H  L  Y  K
A  E  U  C  I  E  N  M  B  C  C  H  C  Q  W
L  N  T  E  A  L  W  I  G  O  H  E  O  I  N
E  S  J  F  K  L  G  E  R  Q  E  E  C  I  Z
T  I  X  A  D  A  K  T  J  R  H  L  E  A  F
T  V  N  Z  B  A  M  C  V  O  A  S  O  B  L
E  E  K  M  P  A  S  T  E  L  T  E  W  W  Z
V  K  L  K  V  V  B  S  G  N  I  R  M  H  T
```

ATTIRE
BANGLES
BRACELET
CLOCHE HAT
CLOTHING
COSMETICS
EARRINGS

EXPENSIVE
FLAMBOYANT
GLITTER
HIGH HEELS
ITEM
JEWELRY
LACE

LUXURY
MAKE UP
NECKLACE
PALETTE
PASTEL
RINGS

7

Puzzle #7

ACTIVITY & LEISURE

```
K  K  G  U  Q  W  A  T  C  H  T  V  W  Y  G
B  S  Y  E  K  C  O  H  E  C  I  P  R  C  N
X  Z  B  U  G  Y  E  N  R  U  O  J  E  B  A
N  S  U  G  U  C  C  Q  U  U  U  D  S  H  U
P  G  E  X  N  L  R  B  X  Q  O  U  T  F  O
A  G  I  M  T  I  T  G  G  R  R  T  L  P  D
I  F  N  Z  A  N  M  R  N  N  V  J  I  D  U
N  E  C  Y  B  G  U  R  I  I  I  R  N  O  M
T  R  A  O  S  C  D  I  A  A  F  L  G  H  A
I  B  M  G  H  I  Y  R  E  F  T  R  I  S  E
N  K  P  E  M  J  T  Z  A  T  S  H  U  A  N
G  Y  I  B  Q  P  S  R  E  C  A  R  L  S  S
K  V  N  U  R  N  O  R  Z  I  L  K  C  O  R
Y  O  G  A  L  W  O  R  S  H  I  P  S  F  N
F  T  I  U  U  P  M  L  E  V  A  R  T  L  K
```

ART	PAINTING	TRAVEL
CAMPING	RACE	TRIATHLON
CARD GAMES	RUGBY	WATCH TV
CYCLING	SAILING	WORSHIP
FARMING	SKATE	WRESTLING
ICE HOCKEY	SURFING	YOGA
JOURNEY	TOUR	

Puzzle #8

AN ARMY OF HOT AIR BALLON

```
E O V A S T O N I S H L N R V
E Q X L T M D I Y T E F A S T
S C A T N I S U N R I S E Y Z
S Z I I J O T T U S G A R O G
S V G T R R I A F T H R I L L
G T L U S B S T O Z T S D Z P
D V N D K I O B A L P O E I I
L X X E I S T R G V F M S V L
R K P U M G W R N O E Z T D O
W E A T H E R A A E N L S G T
D O Z V N S Z C D V D D E O A
Z O S N O I T A N I D R O O C
O E O I Y B V Z M P G L G L J
R K R A P H C N U A L V R Q A
J E N A P O R P U A U C T R E
```

AIRBORNE
ALTITUDE
AMAZEMENT
ARTISTIC
ASTONISH
COORDINATION
ELEVATION

FAIR
FLOAT
GONDOLA
HEIGHT
LAUNCH PARK
PILOT
PROPANE

RIDES
SAFETY
SUNRISE
THRILL
WEATHER

9

ANIMAL KINGDOM

```
B  H  V  M  J  L  O  V  H  P  V  D  J  C  V
N  H  I  L  L  A  Y  N  A  W  T  F  O  L  D
K  H  H  B  K  Y  J  G  B  F  Z  Q  Q  R  T
W  T  S  F  E  F  A  D  I  G  K  B  J  U  G
K  E  S  E  Z  R  Y  Y  T  O  C  E  A  N  I
T  A  T  E  I  E  N  D  A  N  G  E  R  E  D
E  T  A  L  T  T  B  A  T  K  C  H  E  K  V
R  P  Q  N  A  I  I  M  T  U  G  I  L  L  E
R  C  U  D  N  N  S  N  Y  I  O  V  S  B  L
A  P  A  B  D  A  D  A  U  N  O  E  F  X  D
R  Q  R  V  J  I  V  S  R  M  O  N  E  S  T
I  G  I  N  E  R  R  A  W  A  M  L  Y  F  S
U  K  U  P  H  M  O  P  S  G  P  O  O  L  Q
M  G  M  E  L  C  Y  C  E  F  I  L  C  C  V
E  N  E  K  I  L  A  C  I  P  O  R  T  V  P
```

AQUARIUM	HABITAT	TERRARIUM
BEEHIVE	HIBERNATION	TROPICAL
CAVE	LIFE CYCLE	VELDTS
COLONY	NEST	WARREN
COMMUNITIES	OCEAN	WETLANDS
ENDANGERED	PARASITES	
FOLD	SAVANNA	

AVIATION IN THE BIG BLUE SKY

```
I  T  K  I  V  N  N  I  O  X  Z  R  G  M  H
W  E  C  K  M  A  U  R  F  Y  Y  U  N  T  R
O  T  A  K  E  O  F  F  E  P  G  M  S  U  W
U  G  I  U  H  E  L  I  C  O  P  T  E  R  C
D  M  R  Y  T  H  R  U  S  T  K  V  N  B  H
Z  M  P  A  C  O  C  K  P  I  T  C  S  O  R
A  C  L  L  C  E  P  T  M  U  L  Y  O  J  L
G  M  A  G  K  N  A  I  F  Q  M  K  R  E  Z
M  R  N  B  L  G  R  F  L  I  G  H  T  T  M
M  A  E  Z  I  I  T  E  J  O  L  L  J  T  E
W  D  U  E  V  N  D  I  G  I  T  A  L  W  J
I  A  O  G  V  E  X  E  Z  N  V  A  G  F  J
L  R  E  L  L  E  P  O  R  P  A  V  Q  G  T
V  E  N  I  B  R  U  T  W  N  M  H  F  L  R
F  U  P  H  V  H  B  W  E  Y  A  D  J  H  Q
```

AIRPLANE	FLIGHT	RADAR
AUTOPILOT	GLIDER	SENSOR
CABIN	HANGER	TAKEOFF
CARGO	HELICOPTER	THRUST
COCKPIT	JET	TURBINE
DIGITAL	LIFT	TURBOJET
ENGINEER	PROPELLER	

Puzzle #11

BEHOLD THE POWER OF VITAMINS

```
M Y K U P T Q D T A B L E T O
U L P O W D E R I F T W K H Y
E W Y P B O T T L E A B I K C
Y T C D L S M P I B T O A M N
H U G H E A L I N G C A H M O
Z S P W H G D L M I N E R A L
E C I R M E X L W J D Q A Y E
E C I N O F A T S O L U B L E
O S N L E T I L B D L S P G N
H R E A O L E I T C E L Q T N
P N G U T B P I I H F E A D Z
H U V A S S A E N J F T S W E
Y N C U N S B T R S X F U G S
H T P W P I I U E C L R I X T
G G Y F E O C T S M C R J W H
```

BOTTLE	MINERAL	SUBSTANCE
DIETARY	ORGANIC	SWALLOW
DOSAGE	PILL	TABLET
FAT SOLUBLE	POWDER	TISSUES
HEALING	PROTEINS	
HEALTH	REPLENISH	
METABOLIC	SEEDS	

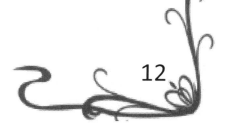

12

Puzzle #12

BEST FRIEND FOR LIFE

```
O  U  K  C  P  M  H  G  S  P  V  J  V  V  O
L  U  F  H  T  U  R  T  N  H  T  U  O  Y  O
J  N  S  N  H  T  C  E  T  O  R  P  P  S  V
U  R  E  S  P  E  C  T  F  U  L  A  E  N  M
N  Y  L  C  G  I  R  L  F  R  I  E  N  D  X
M  O  A  G  G  N  I  V  I  G  R  O  F  C  H
X  Z  I  D  N  E  I  R  F  Y  O  B  R  I  J
R  B  M  T  Y  I  T  S  E  N  O  H  E  Q  L
E  H  P  O  C  Z  R  R  S  E  T  P  J  N  F
C  T  R  A  V  E  L  A  I  E  C  W  P  X  U
X  L  Y  N  N  U  F  O  C  I  L  F  A  K  S
F  I  K  Y  C  O  M  F  O  T  X  B  Q  Y  P
P  O  O  R  Y  T  I  L  A  N  O  S  R  E  P
F  L  N  T  R  U  S  T  W  O  R  T  H  Y  J
C  Q  V  S  T  N  E  P  S  E  M  I  T  B  R
```

AFFECTION	GIRLFRIEND	TIME SPENT
BLESSING	HONEST	TRAVEL
BOYFRIEND	LIFELONG	TRUSTWORTHY
CARING	OPEN	TRUTHFUL
COMFOT	PERSONALITY	YOUTH
FORGIVING	PROTECT	
FUNNY	RESPECTFUL	

13

Puzzle #13

BREAKFAST TIME

```
E Y Y O G U R T S O H M I U B
Z O E M I Q U E D T J N L F S
L P C F M X O A T M E A L W S
Q I R Q H U V J O A W Z M Y J
T A W E V V Y X P R W W I A P
Q Y F W T V Q K Z V H I L U H
G M F D O T I U R F Y V K Z S
U E Y T S D U O A M U E S E V
D D V C G W A B J A I A N X P
T S A N D W I C H R M S B O D
E E N E H D K T O A S T G G H
X H L O D H F E Z V E K I G S
B V N E C I U J C Y A P P L E
H Z U R M A E T N E E R G P U
J B Z J F O B R E A D N X Z S
```

APPLE	GREEN TEA	OMELET
AVOCADO	HAM	SANDWICH
BACON	HONEY	TOAST
BREAD	JAM	WATER
BUTTER	JUICE	YOGURTS
EGGS	MILK	YUMMY
FRUIT	OATMEAL	

14

BURN THOSE FATS

```
J  B  P  M  O  T  I  V  A  T  I  O  N  F  P
N  X  V  R  M  K  A  K  H  H  M  W  C  T  N
U  N  F  R  O  F  Y  J  N  D  L  J  D  C  R
T  X  P  M  U  J  W  H  Z  U  E  A  P  V  M
R  E  G  N  I  N  O  I  T  I  D  N  O  C  U
I  W  X  P  T  D  S  G  J  L  D  N  B  G  S
T  Y  R  E  T  I  F  T  G  W  A  Z  H  Y  C
I  U  P  C  R  E  S  R  H  I  V  E  I  M  L
O  T  D  A  N  C  I  N  G  G  N  Z  H  N  E
N  I  U  L  R  A  I  D  G  N  I  G  Y  A  S
Q  V  D  O  M  E  W  S  S  O  G  E  I  S  N
D  T  G  R  K  B  H  Z  E  M  Y  Q  W  I  J
C  Z  Z  I  A  R  O  T  G  N  I  N  N  U  R
U  G  Q  E  X  C  O  O  Z  J  A  Z  E  M  Z
G  N  I  S  O  L  E  W  R  M  H  T  Y  L  S
```

CALORIES	GOAL	MUSCLES
CARDIO	GYMNASIUM	NUTRITION
CONDITIONING	HEALTHY	RUNNING
DANCING	JOGGING	THERAPY
DIET	JUMP	WEIGHTS
EXERCISE	LOSING	WORKOUT
FIT	MOTIVATION	

15

Puzzle #15

CAMPING TRIP

```
O N G A B G N I P E E L S W S
U A U F V O S W I M M I N G U
H T C Y O U T H B W G V R W N
S U B S V T M A A Q N K C Z G
N R M N T D Y Q C I T E Q R L
N E W O X O T V K T E N L X A
W D T F U O I Y P H I K E F S
R I S P I R T Y A D O V I T S
P E L T F S A T C R X Z I B E
I L M D T V H F K Y P X N T S
U K A M L L U I D I P S H K Y
F W E Y U I Z D N R O M G C O
T O H Y I S F Z J G T S E U Q
S T H G I N R E V O F O N O B
I Z A T N E G C A M P F I R E
```

ACTIVITY
BACKPACK
BUG SPRAY
CAMPFIRE
DAY TRIPS
FISHING
HIKE

HUMOUR
NATURE
OUTDOOR
OVERNIGHTS
PLAYING
QUEST
SLEEPING BAG

SUMMER
SUNGLASSES
SWIMMING
TENT
WILDLIFE
YOUTH

16

Puzzle #16

CAT BREED

```
O N W O R B A N A V A H Z S Y
S P A L F L U G X I E U F N Q
L T X I K X E R H S I N R O C
N L A G N E B W M N K I H W M
T P B A L I N E S E Z N Y S H
J A O Q J E S A Q L S K O H X
Y T M F V R O S M W A E R O K
H M B O A G Y S Y R H Z Q E A
C H A R T R E U X B I E A N M
T S Y E S E M A I S A B M V Z
N A I S R E P L L O D G A R W
A P F T M A I N E C O O N N P
X H F C E N D O B C J P X A B
N A Y A L A M I H M B O W J W
L S W T U I C J A O T T L V L
```

ABYSSINIAN   CHARTREUX   MANX
BALINESE   CORNISH REX   PERSIAN
BENGAL   FOREST CAT   RAGDOLL
BIRMAN   HAVANA BROWN   SIAMESE
BOMBAY   HIMALAYAN   SNOWSHOE
BURMESE   MAINE COON

17

CHARITY

```
L D S T N E M P O L E V E D C
G V N A I R A T I N A M U H P
D J I P L Y O G P N O D X O H
D A I N F C R D N O A E G S O
A T Q E D U C A T I O N H P M
B C I V G L I D T G V R I I E
P E C F F T S N E N Q I W T L
R R N I O U D C C I U O G A E
A M C E D R N F H I H L P L S
C W Y L F E P D E O D E O G S
T Z N J Q I N N S B O E L V W
I A L N H M T T O G U L N P L
C S I C K N E S S N T U G T Q
E S H Q N U T L N A T U R E S
R N O I T A Z I N A G R O O J
```

ACCIDENTS	HELP	ORGANIZATION
BENEFITS	HOMELESS	POOR
CULTURE	HOSPITAL	PRACTICE
DEVELOPMENTS	HUMANITARIAN	SCHOOL
EDUCATION	INCIDENTS	SICKNESS
FUNDS	NATURE	VOLUNTARY
GIVING	NON PROFIT	

18

Puzzle #18

CHOCOLATE & COCOA

```
P W X P R C Z U K Y M D I H Z
T A E R T E E W S Y I M C E W
G L O W D B Y Z U S O P C R C
E N E L S O U G G J P J M S U
Z U I Z R U O V A L F S N H R
Q T L W T T O F R R Y L Y E O
S S R T S E V I K A N O Z Y B
H B C R U J N J C N K I T S R
J B I A I N P T Q I U V S N F
Y F G N E F O J I D L J K H Z
Y I D R U P X C C C R E A M Y
T R U F F L E S O A I E D X V
X C A Z G V U P R C V N F Y L
V Q U X C D M V F A I M G A S
H E F C Z B U S C O B Q B R W
```

BARS	FLAVOUR	TREAT
CACAO	GARNISH	TRUFFLES
COCONUT	HERSHEY	WAFER
CREAMY	JUNK FOOD	WALNUTS
DELICIOUS	NIBS	
ENJOY	SUGAR	
ENTICING	SWEET	

19

Puzzle #19

DANCING AS A HOBBY

```
O  C  S  I  D  S  R  E  H  E  A  R  S  A  L
J  P  L  M  U  S  I  C  A  L  W  R  Q  Z  D
T  W  I  S  T  E  A  F  C  S  O  G  C  U  B
Z  O  G  L  U  R  K  R  H  S  T  U  D  I  O
E  M  E  E  L  P  O  V  T  Q  R  E  V  D  F
P  F  O  P  Z  Z  T  F  M  S  M  Q  P  U  T
S  X  F  D  Z  Z  O  X  F  H  E  O  R  S  Y
P  H  W  M  E  B  A  L  L  E  T  H  Z  N  N
Q  A  U  R  F  R  R  J  O  X  N  Y  C  J  I
F  W  E  F  N  U  N  V  O  T  O  E  H  R  T
H  R  Z  O  F  U  H  D  R  E  S  G  R  R  O
V  S  O  F  O  L  K  D  A  N  C  I  N  G  Q
H  L  B  P  Q  D  E  Q  X  N  W  A  P  A  Y
Z  L  M  E  I  J  X  H  E  Z  C  D  R  M  T
Q  V  V  Z  A  L  U  H  L  Q  F  E  K  G  M
```

BALLET	HULA	SHUFFLE
DISCO	JAZZ	STEPS
EFFORT	MODERN DANCE	STUDIO
ENERGY	MUSICAL	TANGO
FLOOR	ORCHESTRA	TWIST
FOLK DANCING	REHEARSAL	
GRACE	RHYTHM	

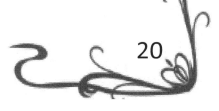

20

Puzzle #20

DISCOVER THE WORLD OF RAIN FOR

```
Y  A  D  N  K  V  M  L  S  J  N  H  Y  V  N
X  P  Z  R  D  S  I  A  A  P  U  L  N  B  W
E  H  F  T  O  F  K  Z  M  V  E  N  O  O  V
T  U  S  C  V  P  N  E  F  M  E  C  G  Z  Y
R  M  E  R  U  T  A  E  R  C  A  M  I  L  Q
O  I  Z  E  A  I  U  V  T  D  U  L  I  E  E
P  D  P  A  M  P  H  I  B  I  A  N  S  R  S
I  I  E  T  A  I  R  P  L  A  N  T  S  G  P
C  T  U  I  Z  H  R  E  T  A  W  N  I  A  R
A  Y  F  O  O  B  V  F  G  A  U  G  H  L  H
L  S  I  N  N  O  M  S  H  S  T  O  O  R  X
M  E  T  A  M  O  R  P  H  O  S  I  S  U  Q
O  Q  Y  X  U  N  V  W  J  T  I  M  B  E  R
S  Q  Q  D  A  G  L  L  A  F  R  E  T  A  W
I  T  H  U  N  D  E  R  S  H  O  W  E  R  H
```

AIR PLANTS	JUNGLE	THUNDERSHOWER
AMAZON	MAMMALS	TIMBER
AMPHIBIANS	METAMORPHOSIS	TROPICAL
CREATION	PRIMEVAL	VAPOR
CREATURE	RAINWATER	WATERFALL
HABITAT	ROOTS	
HUMIDITY	SPECIES	

21

Puzzle #21

DO YOU KNOW NAVY SEAL?

```
S  O  L  D  I  E  R  T  M  R  O  F  I  N  U
R  E  D  A  E  L  C  S  T  R  A  T  E  G  Y
Y  E  C  N  E  G  I  L  L  E  T  N  I  R  W
T  C  A  R  Q  U  Q  Q  S  S  S  Y  Y  X  K
U  O  L  A  O  N  W  M  K  C  N  W  T  L  J
H  X  L  L  F  F  A  P  A  U  I  D  X  P  D
U  X  T  P  F  I  D  V  Z  E  H  T  A  S  K
A  S  O  H  I  R  M  E  Y  X  T  H  C  Y  H
K  T  D  S  C  E  O  O  M  N  E  J  G  A  V
C  W  U  N  E  O  V  L  D  R  A  U  G  L  T
T  L  T  N  R  A  C  K  A  F  A  F  Q  L  Y
D  V  Y  G  K  M  N  G  E  V  T  T  I  S  H
D  B  S  R  W  Q  H  T  G  N  E  R  T  S  V
S  F  U  B  W  E  G  N  I  T  H  G  I  F  E
O  U  N  I  T  K  F  T  A  F  R  P  W  D  D
```

ARMED FORCES	NAVY	TACTICS
CALL TO DUTY	OFFICER	TASK
FIGHTING	RESCUE	TEAM
GUARD	SEA	UNIFORM
GUNFIRE	SOLDIER	UNIT
INTELLIGENCE	STRATEGY	VALOR
LEADER	STRENGTH	

22

DOG BREED

```
Y  K  G  O  D  P  E  E  H  S  G  U  P  D  P
L  K  R  T  A  X  D  W  G  J  J  P  I  J  I
A  D  S  V  O  H  V  U  K  O  W  Z  T  P  P
B  D  N  U  H  S  H  C  A  D  D  B  B  K  B
R  E  W  U  H  G  I  W  R  O  Z  L  U  S  O
A  E  N  B  O  R  D  E  R  C  O  L  L  I  E
D  P  L  A  U  H  A  U  H  I  H  C  L  U  H
O  O  N  I  D  V  T  T  L  X  Q  D  F  L  B
R  O  B  W  E  T  Y  E  L  G  A  E  B  J  D
X  D  D  E  G  W  A  I  S  N  U  U  Z  X  X
D  L  E  U  R  C  T  E  J  S  J  R  Z  T  P
P  E  A  D  M  M  F  T  R  P  A  G  U  K  H
H  M  Y  F  G  Z  A  D  O  G  S  B  T  C  F
R  E  I  R  R  E  T  N  M  R  H  H  V  P  G
R  B  H  M  A  L  T  E  S  E  B  T  O  P  O
```

BASSET HOUND   DOBERMAN   POODLE
BEAGLE   GREAT DANE   PUG
BORDER COLLIE   HUSKY   ROTTWEILER
BULLDOG   LABRADOR   SHEEPDOG
CHIHUAHUA   MALTESE   TERRIER
DACHSHUND   PITBULL

23

Puzzle #23

DREAM OF COLOR, BE INNOVATIVE

```
J L P D N N A V Y B L U E U L
H E T P D X O F M B W P K O V
H G G R E E N O A F V H T D N
E U O I S A R Q R C J T I O M
V G L E E M C S I A Y L R T G
R V D O U B K H G C M M G C E
E E Z I R L W W O L L E Y E G
T L V L D A B J L I A E E W T
Q V P L I C N D D I Q H A L C
C E A R I K N G G N U U L F T
X T G V U S N T E F A Y H B T
L E G E N P I I W E C V T V Z
T G R E Y K F U P Y F Z I K I
J Y I K T O D I N W O R B C A
K J L A N I G R A I R A D R Y
```

AQUA	GREY	PURPLE
BEIGE	MARIGOLD	RED
BLACK	MAROON	SILVER
BLUE	NAVY BLUE	VELVET
BROWN	ORANGE	WHITE
GOLD	PEACH	YELLOW
GREEN	PINK	

24

Puzzle #24

EASTER BUNNY

```
U  P  S  O  T  T  H  E  G  L  B  U  J  L  T
U  A  I  U  S  M  O  X  L  I  L  I  E  S  W
V  N  Q  Y  O  V  S  R  F  C  Z  V  X  H  K
P  B  A  F  L  L  M  I  R  A  A  C  P  B  G
B  I  E  P  P  O  A  O  T  A  M  R  O  V  S
N  C  H  U  R  C  H  E  R  P  C  I  I  G  E
C  O  S  S  S  I  I  J  Z  E  A  Q  L  M  R
Z  Z  I  G  D  T  L  R  W  H  N  B  I  Y  V
H  S  M  T  G  N  I  C  E  U  D  N  V  N  I
L  P  X  K  C  E  B  C  T  Y  Y  I  Y  C
Y  R  I  G  N  N  R  I  B  V  S  A  R  D  E
N  I  S  P  I  L  U  T  R  A  K  A  T  J  S
D  N  U  W  I  B  F  F  V  F  R  Q  E  P  N
J  G  N  I  D  U  L  A  S  R  E  V  I  N  U
Z  R  G  Q  W  X  U  M  Y  K  P  G  N  C  Q
```

APRIL	EGGS	RABBITS
BAPTISM	FAMILY	SERVICES
CANDY	FRIENDSHIP	SPRING
CARROT	FUNCTION	TULIPS
CHURCH	HOLY	UNIVERSAL
DINNER	LILIES	ZEALOUS
EASTER	MIRACLE	

EASY VERBS

```
Z  Q  J  S  S  Z  R  W  B  K  C  C  F  O  Y
S  D  M  K  I  H  L  G  C  A  Y  O  A  W  N
Y  E  E  H  P  P  O  G  H  Y  F  M  U  O  G
I  X  E  E  B  E  O  U  C  U  O  E  Y  L  Z
J  E  J  M  N  M  E  B  L  A  P  H  E  O  D
L  R  T  O  M  A  J  K  Q  D  U  I  G  L  F
O  X  A  V  I  M  S  L  K  D  H  A  G  T  P
K  Q  K  E  G  T  B  K  J  I  J  L  Q  A  X
X  L  E  M  H  X  G  Y  Y  S  T  N  C  Z  N
S  T  A  R  T  A  J  Q  X  N  N  W  R  H  X
B  P  F  T  S  U  P  M  D  L  U  O  W  I
Q  J  P  Q  G  T  P  X  O  C  O  C  N  R  B
X  W  J  L  C  N  R  G  D  E  Q  O  K  O  K
F  E  L  I  E  N  L  Y  Y  N  S  X  R  I  G
B  S  K  N  I  H  T  R  Y  X  H  Z  R  W  E
```

ASK	MIGHT	TAKE
COME	MOVE	TALK
COULD	NEED	THINK
FEEL	PUT	TRY
HEAR	SEEM	WORK
HELP	SHOULD	WOULD
KEEP	START	

26

Puzzle #26

FINANCE-NOW!

```
E   V   Z   N   O   I   T   I   S   I   U   Q   C   A   E
R   U   I   T   J   M   S   N   R   K   Q   C   D   X   K
B   Y   L   N   N   R   R   P   E   B   V   S   J   A   R
V   T   K   A   S   U   A   E   E   C   G   D   V   G   E
U   K   D   N   V   T   O   E   T   C   R   O   D   Q   H
E   F   A   K   N   I   A   C   Y   T   U   E   M   N   U
U   Q   N   D   N   O   B   L   C   X   R   L   P   A   W
R   A   U   D   U   A   I   J   L   A   A   O   A   Q   W
O   E   Y   I   N   R   B   T   E   M   T   T   H   T   C
N   V   F   P   T   E   I   T   C   H   E   N   Y   S   E
M   B   L   S   M   Y   D   S   C   U   B   N   I   V   Q
W   A   L   S   N   J   S   I   K   U   D   Y   T   O   G
B   T   R   W   Y   A   J   S   V   E   P   E   L   B   J
O   F   J   N   P   T   R   A   T   I   O   E   D   W   Y
M   Q   U   I   N   U   S   T   I   N   D   E   X   E   N
```

ACQUISITION	INDEX	SHORT TERM
BANK	INSTALLMENT	SPECULATE
BID	JOINT ACCOUNT	TAX YEAR
BOND	NYSE	TRANSFER
DEDUCTION	PERCENT	VALUE
DIVIDEND	RATIO	
EQUITY	RISK	

27

Puzzle #27

FLY FREE LIKE A BIRD

```
P  Q  T  P  G  R  E  T  T  U  L  F  R  J  C
V  V  K  A  X  I  F  W  T  C  D  J  S  J  K
H  R  B  I  Q  U  I  C  K  Y  P  T  A  Z  A
D  R  I  B  G  N  O  S  W  A  L  M  N  Z  R
E  R  Z  J  V  R  E  H  T  A  E  F  X  N  P
I  H  B  I  G  U  A  S  L  W  T  B  A  P  J
Z  G  N  I  W  T  L  J  T  A  B  O  Y  K  X
I  B  K  O  L  F  J  T  Q  G  B  V  J  H  T
S  F  P  W  A  L  C  Z  U  A  T  H  Q  Y  G
O  M  G  E  K  O  A  S  W  R  P  B  Z  K  K
T  T  F  Q  C  C  Z  M  S  D  E  G  G  O  W
I  D  F  S  O  K  M  A  I  E  E  R  T  D  O
A  O  X  I  O  A  O  Q  J  N  J  K  P  O  Q
C  I  Y  U  R  H  R  N  E  N  A  L  M  K  S
A  N  P  W  B  D  R  I  B  E  R  O  H  S  H
```

ANIMAL	FLUTTER	SHOREBIRD
BEAK	FLY	SONGBIRD
BILL	GARDEN	TREE
CLAW	JESS	VULTURE
DRIFT	NEST	WING
FEATHER	PECK	ZOO
FLOCK	QUICK	

Puzzle #28

GRANDPARENTS DAY

```
P Y E V Z I Y B Z F X X M E B
V A L U E C H E R I S H N I K
A Y D E L Z O L S U P P O R T
O T Q N V M V O A R O N O H C
U R P Q U O E V J U E H P D Q
T I S F E I L E B L O W S W C
I P S E M A G D R A O B O I P
N N U Q H V D T G A O Y I L W
G R A N D C H I L D R E N P F
P N O I S S A P M O C B O P H
S E H S I W M R A W W T W Q N
G R D V Y T I L A T I P S O H
A A U Y V B X H V W M D K H D
A W X G G E C N A D I U G U Z
M Y D R A C G N I T E E R G L
```

BELIEFS	GREETING CARD	OUTING
BELOVED	GUIDANCE	SUPPORT
BOARD GAMES	HONOR	VALUE
CHERISH	HOSPITALITY	WARM WISHES
COMPASSION	HUG	WISH
FLOWERS	KIN	
GRANDCHILDREN	LOVELY	

29

Puzzle #29

HAPPY BIRTHDAY!

```
A  N  M  T  R  E  S  S  E  D  C  F  M  H  F
L  N  O  I  T  A  I  C  E  R  P  P  A  H  H
O  A  N  I  U  Y  O  J  X  K  A  Q  S  A  O
R  C  U  I  T  S  A  E  F  G  A  M  E  S  O
A  J  C  G  V  A  Q  R  S  L  K  C  H  I  W
Z  P  O  A  H  E  R  T  O  Q  F  J  R  X  I
Y  D  G  V  S  T  R  B  E  O  V  R  G  H  K
K  L  E  N  L  I  E  S  E  N  H  G  I  I  K
D  E  I  E  O  M  O  R  A  L  E  P  F  T  O
G  S  Y  M  V  S  G  N  I  R  E  H  T  A  G
J  K  W  Y  A  E  Y  U  G  Q  Y  C  S  C  B
K  I  T  T  E  F  N  O  C  O  S  T  U  M  E
G  N  I  T  S  A  O  T  J  O  C  O  Y  S  V
P  R  B  Y  E  D  I  W  D  L  R  O  W  R  Y
Y  N  R  C  W  J  F  B  M  I  Q  G  Z  V  C
```

ANNIVERSARY	EVENT	JOY
APPRECIATION	FAMILY	LAUGHTER
CAKES	FEAST	OCCASION
CELEBRATION	GAMES	SONG
CONFETTI	GATHERINGS	TOASTING
COSTUME	GIFTS	WORLDWIDE
DESSERT	HOORAY	

Puzzle #30

HAPPY MOTHERS DAY

```
K  V  L  G  N  I  G  N  I  R  B  P  U  N  H
P  I  G  N  I  M  O  C  E  M  O  H  B  P  S
A  R  N  O  I  T  I  N  G  O  C  E  R  K  W
R  T  A  E  S  P  R  O  T  E  C  T  I  V  E
E  U  O  R  C  S  A  U  N  T  W  Q  K  J  E
N  O  C  D  E  R  E  D  L  E  L  Q  Y  T  T
T  U  F  O  L  K  S  N  B  F  Y  U  I  A  H
A  S  E  F  M  O  T  I  E  S  B  X  D  D  E
G  V  C  M  S  M  H  M  G  S  Q  O  L  A  A
E  M  T  V  O  P  I  E  O  T  O  Y  G  D  R
D  I  U  K  J  T  R  T  S  R  K  L  O  O  T
H  W  O  A  I  T  H  I  M  U  K  W  C  R  K
T  R  U  E  L  O  V  E  N  E  O  F  G  E  J
Y  G  I  L  F  V  M  P  R  G  N  H  I  D  J
X  Z  W  W  G  R  A  N  D  M  O  T  H  E  R
```

ADORE	FOLKS	RECOGNITION
ADULT	GRANDMOTHER	SWEETHEART
AUNT	HOMECOMING	TIES
CLOSENESS	HOUSEHOLD	TRUELOVE
COMMITMENT	OFFSPRING	UPBRINGING
ELDER	PARENTAGE	VIRTUOUS
EMOTHER	PROTECTIVE	

31

Puzzle #31

HAVE A BREAK, HAVE A NATURE

```
W  M  I  D  K  V  X  E  N  H  E  Z  C  L  Q
I  K  C  O  R  X  H  J  A  O  A  G  X  O  C
T  H  E  P  P  R  I  V  E  R  R  Y  D  B  Y
S  K  B  U  M  C  L  P  Y  I  T  S  W  I  L
U  E  E  G  G  P  V  C  L  Z  H  H  E  A  R
N  I  R  N  L  K  Y  R  G  O  Q  O  Y  E  S
A  Y  G  E  A  A  V  L  N  N  U  R  P  J  T
M  P  J  S  N  C  C  F  F  O  A  E  L  V  N
I  S  P  N  E  E  I  I  X  R  K  G  A  T  U
R  W  A  O  V  A  O  R  G  U  E  E  N  B  G
W  I  K  W  J  T  S  E  R  O  F  T  E  B  L
Q  N  B  T  P  I  R  O  G  U  L  B  T  A  U
W  T  K  H  S  D  V  P  N  N  H  O  D  U  H
R  E  S  T  O  R  A  T  I  V  E  J  C  K  B
J  R  E  T  N  A  T  U  L  L  O  P  I  E  J
```

BUTTERFLY	ICEBERG	SEASON
EARTHQUAKE	PLANET	SERENE
EARTHY	POLLUTANT	SHORE
ECOLOGICAL	RESTORATIVE	SNOW
FOREST	RIDGE	TSUNAMI
HORIZON	RIVER	WINTER
HURRICANE	ROCK	

32

Puzzle #32

HORTICULTURE, SINCE 1845

```
H  T  R  A  N  S  P  L  A  N  T  Z  Q  C  X
I  W  L  T  J  I  R  R  I  G  A  T  I  O  N
N  B  L  S  U  G  N  U  F  W  T  Y  Q  K  T
S  R  R  A  N  M  G  D  T  I  I  K  B  K  G
U  P  D  E  C  O  M  P  O  S  I  T  I  O  N
C  A  R  E  H  I  I  O  O  O  E  H  I  O  U
C  U  R  O  O  T  N  T  W  T  R  V  C  E  W
U  V  R  C  U  E  I  A  A  H  H  P  R  B  N
L  Y  J  E  S  T  T  W  T  R  W  R  W  A  N
E  P  Z  Q  E  M  A  A  T  O  O  T  I  F  H
N  H  Z  O  P  J  E  W  M  N  B  P  T  V  F
T  C  T  S  L  K  P  S  G  I  U  C  A  M  E
T  J  L  L  A  F  N  I  A  R  L  N  Z  V  I
R  E  L  K  N  I  R  P  S  V  B  C  N  N  E
V  E  G  E  T  A  T  I  O  N  S  N  V  T  I
```

BOTANICAL	HERB	SUCCULENT
BULBS	HOUSEPLANT	THRIVE
CLIMATE	INDOOR	TRANSPLANT
DECOMPOSITION	IRRIGATION	VASE
EVAPORATION	RAINFALL	VEGETATION
FUNGUS	SPRINKLER	WITHER
HARVEST	SPROUT	

Puzzle #33

HOUSEHOLD ITEMS

```
H  C  T  I  W  S  T  H  G  I  L  T  C  W  L
P  Z  H  E  Q  U  D  Y  S  S  E  V  H  T  D
K  H  F  I  L  E  C  A  B  I  N  E  T  R  K
R  P  O  L  W  B  Z  J  R  R  W  E  T  A  K
E  E  S  N  E  T  A  B  L  E  S  P  N  D  F
F  N  P  U  E  H  J  T  B  U  T  G  D  I  L
R  O  L  H  R  S  S  C  E  E  O  S  Q  O  L
I  J  W  U  Z  B  G  T  N  E  D  N  A  A  Q
G  P  C  N  B  H  O  N  N  W  F  D  M  O  V
E  N  I  C  I  D  E  M  I  A  A  F  I  R  T
R  N  B  M  U  U  C  A  V  T  L  L  O  N  G
A  B  Z  R  F  U  N  T  C  Z  N  P  M  C  G
T  Q  Y  D  O  X  H  M  I  Y  P  I  O  U  M
O  E  V  I  R  O  N  I  N  G  B  O  A  R  D
R  P  Z  G  A  Y  M  U  G  S  W  C  X  P  R
```

BEDDING	MEDICINE	SHELF
BROOM	MUGS	TABLES
COFFEE TABLE	PAINTINGS	TOASTER
FILE CABINET	PHONES	VACUUM
IRONING BOARD	PLANTS	
LIGHT SWITCH	RADIO	
LINENS	REFRIGERATOR	

34

Puzzle #34

I FALL FOR JAZZ

W	S	T	R	I	N	G	B	A	S	S	P	W	K	O
O	P	S	I	M	J	G	E	N	O	B	M	O	R	T
T	A	J	A	M	S	E	S	S	I	O	N	Z	G	R
E	E	V	O	O	R	G	K	S	V	R	G	W	E	U
N	S	V	S	Y	A	A	D	J	O	K	X	W	S	M
T	F	D	I	C	N	F	R	R	H	J	S	V	O	P
Z	S	U	M	O	I	O	U	T	A	Z	N	O	Y	E
S	C	I	R	Y	L	T	M	S	S	O	Z	A	G	T
Z	P	F	S	P	I	I	S	R	I	E	B	P	B	J
Z	Z	G	L	S	Y	H	N	U	A	O	H	Y	A	I
D	B	N	U	A	A	W	F	G	O	H	N	C	E	W
U	B	M	E	I	Z	B	U	Z	Z	C	H	O	R	K
S	V	G	G	O	T	I	J	H	P	I	A	N	O	O
M	A	Z	N	A	G	A	V	A	R	T	X	E	I	U
A	W	S	I	N	G	E	R	Z	K	G	Q	K	G	T

ACOUSTICS
BANJO
BASSIST
BUZZ
DRUMS
EXTRAVAGANZA
FUSION

GROOVE
GUITAR
HARMONY
JAM SESSION
KEYBOARD
LYRICS
ORCHESTRA

PIANO
SINGER
STRING BASS
TROMBONE
TRUMPET
VIOLIN

35

I WISH I HAD A TATTOOS

```
X  I  B  N  X  N  N  L  R  H  M  U  F  R  T
O  C  V  H  A  S  D  R  N  Q  V  Z  G  K  P
N  Y  F  W  H  B  X  D  R  G  O  P  W  C  U
I  U  B  D  C  V  R  I  S  K  I  N  I  S  N
F  Q  Y  O  O  W  L  U  K  C  T  S  L  V  C
S  Y  L  E  S  S  Y  J  E  L  D  E  E  N  T
Z  A  D  O  U  W  R  M  K  R  F  E  T  D  U
R  O  L  O  C  Q  T  O  A  N  A  S  T  K  R
E  P  Z  A  B  A  I  N  T  R  I  C  A  T  E
U  Y  H  X  F  D  T  N  K  I  M  X  S  Y  Y
R  H  D  B  D  Q  A  I  U  H  O  S  H  P  R
Y  F  N  S  C  L  A  V  O  M  E  R  N  I  L
L  Q  A  W  P  I  G  M  E  N  T  M  I  C  I
V  O  M  C  Y  N  A  J  L  U  F  T  R  A  L
C  F  E  Y  O  N  W  W  X  Q  U  E  I  L  C
```

ARTFUL	M ARMS	TORSO
BODY	NEEDLE	TYPICAL
COLOR	PIGMENT	UNIQUE
DESIGN	PUNCTURE	URBAN
INK	REMOVAL	
INTRICATE	SCAR	
LOCATION	SKIN	

Puzzle #36

INSPIRATION FOR LIFE AND SUCCESS

```
J M I N D F U L N E S S A N Q
J D F X S X C H B B V H X A B
J C C T E C N E I L I S E R K
D H U O I T H I N K I N G U C
G E L E M D R A H K R O W R L
W N V R R P N J N M W T O X T
P X I E Y U L S G G I V I N G
F H K H L Y T I S R E V D A H
Y Y L Y G O T U M E O R W N M
V F K G T U P C F E L W U S G
V I S I O N A M X A N R T U B
O U V V W V C L E Z E T A H T
X V D E N J O Y I N G U C E B
K S M I L E D U T I T A R G F
W G V E Z Z F V H A P N U T E
```

ADVERSITY	GIVING	THINKING
CHANGE	GRATITUDE	TRUE
COMPLIMENT	GROWTH	VISION
DEVELOPMENT	LAUGHING	WORK HARD
ENJOYING	MINDFULNESS	
FEARLESS	RESILIENCE	
FUTURE	SMILE	

37

INSPIRED BY POETRY

```
K  T  O  S  U  B  J  E  C  T  I  V  E  V  W
Q  I  E  L  O  B  R  E  P  Y  H  V  H  R  T
R  U  S  E  N  I  L  F  A  I  A  K  C  F  I
P  V  J  A  N  Y  X  A  H  Z  H  A  H  L  J
F  U  H  R  W  O  E  B  N  V  N  U  L  I  T
F  C  R  U  O  R  I  V  T  K  Y  A  I  B  A
D  S  L  P  V  H  Z  S  I  M  V  J  T  F  G
D  Y  P  V  O  K  P  X  U  T  F  E  E  S  J
P  U  M  M  L  S  D  A  L  L  A  B  R  W  T
Q  S  O  Y  A  V  E  G  H  R  L  R  A  S  L
Q  M  O  Y  N  J  D  R  S  T  A  A  R  Y  E
W  G  D  A  M  O  T  I  F  S  E  H  Y  A  M
B  O  Z  R  H  N  T  S  C  H  E  M  E  N  N
A  C  R  E  F  E  R  E  N  C  E  S  R  E  V
P  K  F  Q  H  Z  U  S  M  R  E  T  L  S  U
```

ALLUSION	METONYMY	STANZA
BALLAD	MOOD	SUBJECTIVE
BLANK VERSE	MOTIF	TERMS
HYPERBOLE	NARRATIVE	VERSE
LINES	PURPOSE	
LITERARY	REFERENCE	
METHAPHOR	SCHEME	

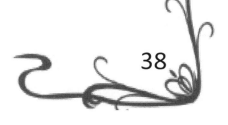

Puzzle #38

IS SPOOKY HALLOWEEN IN YOU

```
N O O D O O V A M P I R E W M
I C I T V X F C N E C G X C K
C N H P E V R I C G I H Q H C
S Y Z X N Z L I E M M M Y V X
Z D R G C Q D G M A G I C U N
B G R I H A F L E G Z S L B D
M O U N A O N P T F X U P W R
A O J S N F S D R C W Y U B G
S S O C T O I T Y H D P M C M
K E F R D T T N A C C C P U Y
P B T E B R Q E L A O T K B E
W U L A M T A D L L D R I A X
D M N M I J Q Z D E O H N W G
J P K D Z O M B I E K R T X Y
F S P W I L A K X W U S T O J
```

BROOM	GOOSE BUMPS	VAMPIRE
CANDY CORN	MAGIC	VOODOO
CEMETRY	MASK	WITCH
ELF	PUMPKIN	WIZARD
ENCHANT	SCREAM	ZOMBIE
FAIRY	SKELETON	
GHOST	TROLL	

39

ITS A NEW WEATHER EVERY DAY

```
X  F  T  P  M  W  H  I  R  L  W  I  N  D  X
X  C  E  G  W  Y  S  T  E  M  P  E  S  T  X
H  M  S  N  O  W  X  N  P  C  B  X  Z  Z  P
D  K  K  N  J  F  G  Y  O  X  V  Q  B  Q  T
N  F  P  X  O  L  U  K  R  W  L  I  P  G  K
T  D  O  U  A  W  Y  E  T  A  S  M  Q  Y  T
P  S  N  R  A  B  F  C  T  E  I  T  H  R  N
V  V  U  I  E  T  N  L  L  O  S  N  O  N  Q
D  M  V  N  W  C  Y  I  A  O  R  N  B  R  H
S  U  G  B  R  D  A  P  A  K  U  N  U  O  M
Q  L  H  U  B  I  A  S  H  R  E  D  A  S  W
Y  R  U  A  F  Y  S  E  T  O  D  S  Y  D  S
G  W  A  K  G  A  Z  E  H  O  O  N  H  P  O
Q  M  P  X  B  K  C  A  V  K  H  N  Q  F  N
N  D  W  R  K  N  U  F  Q  Z  J  F  V  Z  M
```

CLOUDY	RAINBOW	TEMPEST
ECLIPSE	REPORT	TORNADO
FOG	SNOW	TYPHOON
FORECAST	SNOWFLAKES	WHIRLWIND
HEADWIND	SNOWSTORM	
HOT	SUNRISE	
RAIN	SUNSET	

Puzzle #40

JULY 4TH AND FIREWORKS

```
S  L  V  S  K  X  T  F  H  D  F  Z  J  E  H
T  L  U  N  N  P  N  A  Q  U  Z  J  B  P  K
D  I  O  U  O  O  A  A  T  N  A  I  L  A  V
X  N  T  G  C  I  I  T  R  I  B  U  T  E  K
H  Q  A  W  A  N  T  T  R  E  C  I  B  D  R
L  W  B  L  N  N  H  A  A  I  T  D  U  C  U
L  A  Y  W  E  Y  E  L  R  R  O  E  X  V  J
F  A  I  R  T  M  R  Z  V  E  A  T  V  M  H
L  F  C  R  T  E  O  A  I  X  B  P  I  K  E
J  L  E  I  O  N  K  H  D  T  H  I  E  C  C
R  Y  O  Z  S  M  U  C  C  N  I  H  L  R  F
O  C  W  R  A  U  E  O  O  R  E  C  O  Y  P
I  O  Q  A  T  L  M  M  C  R  R  G  I  G  P
E  M  W  J  F  S  B  S  U  X  M  V  E  P  O
M  V  W  C  Y  E  G  A  T  I  R  E  H  L  I
```

ABLAZE	LIBERATION	STROLL
CITIZEN	MEMORIAL	TRIBUTE
COUNTRY	MUSICAL	VALIANT
HERITAGE	PATRIOTIC	VETERAN
HERO	PREPARATIONS	
HOMELAND	ROCKET	
LEGENDARY	SLOGAN	

JUNKYARD, THE BEST YOU CAN GET

```
Z C E P L E P F S A L V A G E
C J M G U A R B A T S A H R Q
H I X Y R J I S L U E X I R U
U E O Q E E H R E I Y E W D Y
V I J S D J T P E L G Y L P C
V N D E O E U T V T L H P Z M
E E W C L E A N U P A I T C Q
A X D E A L E R K L G M N X V
N P D R F R U E O Z C Z W G N
L E A J U L S P R O F I T A Z
G N I P P I H S O F B F R D R
Q S J N E R U S A E R T A K J
F I A E D A R T P A R C S Y Z
W V B M L R I Y E L C I H E V
K E J W E N V I R O N M E N T
```

BLIGHT	INEXPENSIVE	SELLING
CARS	JUNK	SHIPPING
CLEAN UP	PROFIT	STEEL
CLUTTER	RAW MATERIAL	TRASH
DEALER	SALE	TREASURE
ENVIRONMENT	SALVAGE	VEHICLE
FREE	SCRAP TRADE	

Puzzle #42

MAMMA MIA, THAT'S A SPICY OSCAR

```
P  D  B  C  F  U  P  R  C  Q  J  C  T  Z  Y
G  Q  M  H  H  C  D  E  T  C  E  P  S  E  R
K  I  A  E  O  E  T  R  R  A  L  U  P  O  P
X  K  S  Y  R  L  E  E  E  F  H  H  B  G  F
M  G  S  X  T  E  L  R  P  N  O  R  S  C  L
Y  T  T  G  D  B  K  Y  I  R  N  R  P  T  R
C  R  A  E  N  R  X  A  W  N  A  I  M  C  Q
R  I  R  O  L  I  A  T  M  O  G  C  W  E  Z
H  U  D  I  S  T  T  W  A  M  O  B  D  G  R
T  M  O  U  Y  I  U  A  A  I  I  D  S  E  C
Y  P  M  J  L  E  Z  B  R  H  D  L  L  T  R
C  H  O  T  O  S  T  G  E  N  R  E  F  O  L
S  S  A  L  C  D  R  O  W  D  Z  C  M  Q  C
A  M  Y  S  C  R  E  E  N  P  L  A  Y  R  P
X  M  K  W  R  T  S  A  C  E  L  E  T  J  N
```

AWARD	MEDIA	STARDOM
CELEBRITIES	PERFORMER	TELECAST
CHEERING	POPULAR	TRIUMPH
DEBUT	RATINGS	WINNER
FLIMMAKER	RED CARPET	WORD CLASS
GENRE	RESPECTED	
HOLLYWOOD	SCREENPLAY	

MODERN FASHION AND CLOTHING

```
P F A S H I O N A B L E H Z X
S H K N I C K E R S R C W A F
T X E X W L T J R M E Q C S A
E O R N H B T E V E Z Y D W I
Y L P Y O P H A N D B A G I V
W R B P R M S N I O Q I W M S
G J E A T S E S A L B H F W Y
O N C D T T L N E B O B M E N
P G I A I R I E O R R R I A T
W X V L M O O F E N D U E R H
X X X I A I R F T H B N T D E
X K F D X E S B M U H V U V T
U K O N K U V O M O O G N S I
Y S G O W N T E L E C A I M C
G N I D I A R B R E C X F H D
```

BRAIDING

CAMISOLE

COMFORTABLE

EMBROIDERY

FASHIONABLE

FIBER

GOWN

HANDBAG

HIGH HEELS

JEANS

KNICKERS

OUTFIT

PHENOMENON

REVEALING

RIBBON

SUN DRESS

SWIM WEAR

SYNTHETIC

TAILORED

TURBAN

Puzzle #44

MY KING

```
L G M Y K L L N G I R E V O S
Y R J V C E A M W U C C S U C
F C A S T L E Y J O O U G Y P
K J A R K I P O O C R E S T K
X D E R I P M E A R O C U T O
U M L D C E R E M O N Y F O R
S D F A U O O P S B A Z D W W
R C B Q R K T X K S T A T E S
Q A E Y N E E S C I I V O R J
E F R P E O H T I T O I Y Y J
N R O B T S R I F R N O B L E
P M E Q U E R A P R A U W R A
D E I W V E R S B F X S O Z F
V B E D O K K O D D G N Z C I
H Q B S U P R E M E V V Q I Z
```

ARISTOCRACY	CROWN	ROYAL
BARON	DUKE	SCEPTER
CASTLE	EMPIRE	SOVERIGN
CEREMONY	FIRST BORN	STATE
CORONATION	HERALD	SUPREME
COUNT	NOBLE	TOWER
CREST	POWER	

MYTHOLOGY

```
O  N  E  M  E  S  I  S  K  G  M  U  N  O  U
U  K  Q  V  P  G  N  E  V  A  E  H  X  I  N
F  N  E  B  D  A  Y  R  D  A  C  D  B  D  I
T  I  R  I  P  S  D  T  R  U  A  T  N  E  C
C  Y  X  T  M  U  W  I  A  R  E  O  A  M  O
G  A  N  I  F  F  I  R  G  O  B  S  U  O  R
H  N  S  J  D  S  F  S  O  R  O  M  A  N  N
S  T  J  U  G  G  E  R  N  A  U  T  B  X  E
Y  E  N  Q  D  O  G  P  R  O  W  E  S  S  S
X  U  R  I  X  E  N  F  S  S  G  R  W  E  F
M  K  D  P  R  S  M  N  E  K  A  R  K  I  A
U  T  C  Q  E  Y  E  L  A  T  K  L  O  F  V
E  C  X  K  W  N  B  F  Y  N  R  A  E  G  G
Y  D  U  N  A  H  T  A  I  V  E  L  H  G  B
R  S  V  K  I  B  D  K  L  Q  Z  A  G  M  J
```

AURORA	GRIFFIN	NEMESIS
CENTAUR	HEAVEN	PROWESS
DEMON	JUGGERNAUT	ROMAN
DRAGON	KRAKEN	SERPENT
DRYAD	LABYRINTH	SPIRIT
FOLK TALE	LEVIATHAN	UNICORN
GORGONS	MEDUSA	

46

NEW YEAR, A NEVER ENDING STORY

```
P  X  Q  H  L  X  B  P  E  U  I  L  D  E  K
X  S  K  R  O  W  E  R  I  F  N  S  U  T  R
C  H  A  M  P  A  G  N  E  J  K  I  P  U  T
D  W  P  A  R  T  I  E  S  V  A  K  T  K  Z
R  Y  B  L  L  R  N  S  L  A  O  G  O  E  A
I  B  A  K  G  J  N  E  G  Q  R  G  W  Q  D
N  Y  K  T  H  G  I  N  D  I  M  F  N  J  G
K  W  R  J  F  Z  N  N  S  I  N  F  D  A  P
I  J  O  A  T  U  G  O  U  R  M  E  T  V  H
N  R  J  D  U  S  S  E  R  D  Y  C  N  A  F
G  T  S  V  T  N  O  I  T  C  E  L  F  E  R
M  R  Z  O  H  N  A  S  C  A  J  H  Y  K  U
E  H  A  L  J  B  U  J  W  J  A  R  C  C  X
N  W  R  N  T  C  L  O  C  K  J  K  E  P  V
A  Y  M  S  D  V  B  F  C  B  B  G  N  Y  L
```

BEGINNINGS	GOALS	REFLECTION
CHAMPAGNE	GOURMET	UNITED
CLOCK	GRAND	UPTOWN
COUNT DOWN	HANGOVER	
DRINKING	JANUARY	
FANCY DRESS	MIDNIGHT	
FIREWORKS	PARTIES	

NIGHTOUT AT THE COMEDY CLUB

```
P  A  R  O  D  Y  T  T  I  W  N  I  L  X  P
O  R  Q  S  W  R  Y  A  L  P  D  R  O  W  N
K  H  T  X  X  J  X  Q  A  P  C  B  V  C  A
E  Z  K  F  H  N  O  I  T  A  T  I  M  I  U
F  N  R  A  R  F  C  K  P  V  S  Q  R  O  T
U  E  T  R  U  O  O  R  E  A  C  T  I  O  N
N  P  H  E  T  D  M  L  E  S  G  O  A  T  W
L  C  L  G  R  W  I  U  L  A  H  T  H  G  D
R  A  T  F  I  T  C  E  H  Y  T  O  G  F  E
D  I  U  J  T  O  A  R  N  W  M  I  W  A  M
E  Y  I  G  Y  L  L  I  S  C  M  D  V  S  X
Y  X  K  F  H  P  D  I  N  M  E  U  G  E  K
Y  R  R  Y  T  I  R  A  L  U  P  O  P  W  R
D  B  U  P  E  C  N  A  M  R  O  F  R  E  P
N  S  M  I  L  I  N  G  Q  Y  G  F  R  A  J
```

AUDIENCE	JOKES	SHOW
COMICAL	LAUGHING	SILLY
CREATIVE	PARODY	SMILING
ENTERTAIN	PERFORMANCE	STAGE
FOLLY	POKE FUN	WITTY
HUMOR	POPULARITY	WORDPLAY
IMITATION	REACTION	

48

Puzzle #48

OKTOBERFEST MOMENTS

```
Z  R  G  N  C  F  O  O  D  I  E  S  O  V  Q
P  I  D  Z  H  A  E  A  H  R  F  G  J  L  L
H  E  D  E  T  A  N  S  M  U  N  I  C  H  D
T  G  L  F  K  N  S  O  T  K  Q  I  Q  M  E
R  V  E  D  D  C  M  N  E  B  C  H  P  V  O
A  Y  W  R  P  X  A  G  K  R  I  V  O  X  M
D  P  K  O  M  L  L  P  B  G  U  E  V  X  N
I  P  P  B  R  A  T  W  U  R  S  T  R  A  V
T  T  R  L  X  C  N  N  W  H  E  F  L  A  A
I  R  E  B  O  T  C  O  E  A  D  W  A  U  W
O  O  T  L  S  H  T  A  C  V  K  B  E  P  C
N  U  Z  Y  S  D  O  R  L  H  E  H  Z  R  A
A  P  E  W  I  T  N  C  E  R  B  M  H  V  Y
L  E  L  L  R  E  G  A  L  E  M  Y  D  M  U
T  A  S  N  O  C  Q  E  B  A  B  F  J  I  G
```

ALCOHOL	EVENT	OCTOBER
ALE	FESTBIER	PACKED
BANDS	FOODIES	PRETZELS
BEER	GERMAN	SONG
BRATWURST	LAGER	TRADITIONAL
BREWERY	MALT	TROUPE
CULTURE	MUNICH	

49

Puzzle #49

OLD COUNTRY FARM

```
H O R S E S K H O C A M U W Z
S F K V D R Y L C S I E L U Q
Y R S C R B U S I N E S S J L
P U E C O K K T Y M A M W I E
N I E N U T U H L X L R F O C
S T D W G L S N J U N I I M C
N T L O H M T E I M C R O P S
W R I R T A U I V A J I K S N
P E N K H G G H V I R B R E F
V E G E A N N O R A L R W G V
R S S R D E Z I L I T R E F A
G N I T N A L P W W Y I T T T
F D R C Q Q Q V A O G Q O D S
Y S S S B K C R O V S U Z N K
Z G N I M R A F K C U R T B C
```

AGRICULTURE
BUSINESS
COWS
CROPS
CULTIVATION
DROUGHT
FERTILIZE

FRUIT TREES
HORSES
LIVESTOCK
MILK
PEST
PLANTING
RANCH

SEEDLINGS
SOIL
SOWING
TERRAIN
TRUCK FARMING
WORKER

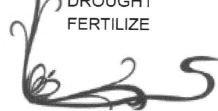

50

OLD FASHIONED WORDS

```
S  B  Q  J  U  K  E  J  O  I  N  T  A  U  I
T  V  N  K  S  A  D  D  L  E  S  H  O  E  S
R  P  E  F  Y  O  B  E  G  A  P  K  O  D  Y
A  Y  D  R  S  S  A  W  A  Y  W  E  G  O  W
I  S  B  P  O  I  R  O  X  X  E  A  X  V  A
G  V  P  R  E  T  N  U  O  C  N  A  E  B  T
H  Y  O  A  T  U  S  C  S  W  P  G  Z  O  C
T  W  E  U  T  O  T  E  O  L  H  J  R  E  H
E  F  I  L  I  S  O  T  M  V  G  C  V  V  F
N  M  C  G  H  K  R  Q  E  I  P  Z  T  J  O
U  A  H  C  O  O  M  S  Z  D  D  N  G  I  B
P  E  S  N  E  F  E  D  L  I  V  I  C  Y  P
S  E  X  H  O  S  R  A  T  S  Y  M  H  O  S
P  F  H  P  O  O  D  L  E  S  K  I  R  T  S
S  R  E  P  A  P  Y  N  N  U  F  L  Q  T  M
```

A WAY WE GO
BARN STORMER
BEAN COUNTER
CIVIL DEFENSE
DIME STORE
FUNNY PAPERS

JUKE JOINT
OH MY STARS
PAGE BOY
PITCH WOO
POODLE SKIRTS
SADDLE SHOES

SMOOCH
SPATS
STRAIGHTEN UP
WATCH FOB

Puzzle #51

PIZZA IS ALWAYS THE ONE

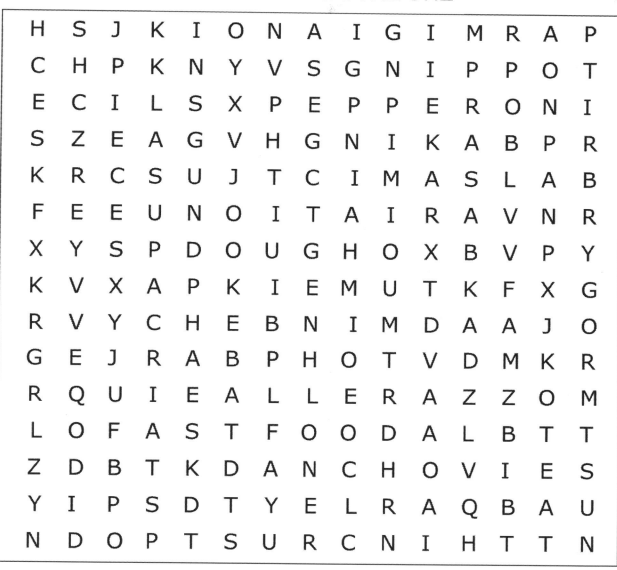

```
H S J K I O N A I G I M R A P
C H P K N Y V S G N I P P O T
E C I L S X P E P P E R O N I
S Z E A G V H G N I K A B P R
K R C S U J T C I M A S L A B
F E E U N O I T A I R A V N R
X Y S P D O U G H O X B V P Y
K V X A P K I E M U T K F X G
R V Y C H E B N I M D A A J O
G E J R A B P H O T V D M K R
R Q U I E A L L E R A Z Z O M
L O F A S T F O O D A L B T T
Z D B T K D A N C H O V I E S
Y I P S D T Y E L R A Q B A U
N D O P T S U R C N I H T T N
```

ANCHOVIES
BAKING
BALSAMIC
DOUGH
EATERY
FAST FOOD
ITALIAN

MOZZARELLA
ONIONS
OVEN
PAN
PARMIGIANO
PEPPERONI
PEPPERS

PIECES
SLICE
THIN CRUST
TOMATO
TOPPINGS
VARIATION

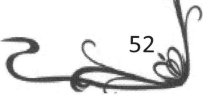

Puzzle #52

PLAYGROUND FOR DOG

S	R	R	T	F	X	B	E	C	C	C	O	P	L	W
Y	T	I	L	A	N	O	S	R	E	P	L	L	B	Y
S	J	H	C	E	G	E	L	E	R	O	F	A	N	G
B	J	Y	P	T	V	M	W	X	F	S	Z	Y	W	A
D	O	G	L	O	V	E	R	D	P	H	B	F	O	A
M	T	N	E	I	D	E	B	O	Q	E	N	U	X	K
A	B	C	K	Q	W	N	E	W	W	L	Y	L	C	Y
Z	O	C	H	I	U	K	X	C	T	M	C	P	O
H	F	R	I	E	N	D	L	Y	C	E	R	X	K	H
Q	X	T	P	M	C	D	C	O	G	R	K	A	J	J
Q	J	V	D	A	F	K	N	M	Y	U	M	U	E	Y
Q	A	D	I	H	W	C	U	E	O	A	W	Z	H	H
P	E	D	I	G	R	E	E	P	S	S	L	S	U	M
J	W	A	L	K	I	N	G	A	U	S	V	T	S	V
Y	B	Y	B	B	H	B	R	E	E	D	P	G	Y	A

BREED   HEART WORM   PERSONALITY
CHECKUP   KINDNESS   PLAYFUL
CLAW   LOVE   SHELTER
DOG LOVER   LOYALTY   WALKING
FANG   OBEDIENT
FORELEG   PAW
FRIENDLY   PEDIGREE

53

Puzzle #53

READING IS MY SPORT

```
K W S C A N E G G B Y D U T S
T M C T X I O S N C J P A R O
N K H B N D Z N N I B O L O L
B O O K S H E L F E R U I E I
C G I O V E N R G I P A B I T
M C C T B T G U O P C S H Q A
A T E G C Z X D N T Y T U S R
G V S P A I M S E F S F I S Y
A N W E A Y F Y C L L K B O S
Z W I X R C K Q C S W P O D N
I Z N N X E S P W N S O J O I
N L B M R Z T E L X C E N O B
E F H K R A M N Z A W Q P K U
S K H K S B E L I B R A R Y X
H A R U C P F L W Q K I P J T
```

BOOK
BOOKSHELF
BOOKSTORE
CHOICES
ESCAPE
FICTION
INTEREST

KNOWLEDGE
LEARNING
LIBRARY
MAGAZINES
MARK
NON FICTION
SCAN

SHARING
SOLITARY
STUDY
SUSPENSE
TYPES

RETIREMENT...YUP, THAT'S IT

```
E  A  Y  T  I  S  S  E  C  E  N  H  N  E  I
U  P  Q  N  O  I  T  U  B  I  R  T  N  O  C
E  D  C  S  U  C  C  E  S  S  F  U  L  D  I
S  G  L  T  M  Y  O  S  E  I  X  N  D  J  N
F  D  A  K  A  E  F  K  R  T  Q  Q  T  N  V
R  D  S  G  P  I  M  Y  R  O  U  T  I  N  E
P  E  P  S  N  B  L  I  S  S  I  T  U  V  S
U  C  E  H  E  I  S  M  T  A  D  N  I  R  T
Z  I  N  R  F  L  C  G  E  E  V  E  E  M  M
Z  S  D  F  A  V  E  N  C  N  E  I  S  S  E
L  I  I  F  N  C  L  R  A  I  T  R  N  M  N
E  O  N  M  C  T  Y  W  I  V  W  R  F  G  T
S  N  G  Q  P  S  P  N  D  T  D  K  G  B  S
E  E  V  N  K  N  O  I  T  A  X  A  L  E  R
L  J  S  K  W  I  T  H  D  R  A  W  A  L  Z
```

ADVANCING AGE	FREE TIME	SENIORS
AILMENT	INVESTMENT	SPENDING
BLISS	NECESSITY	SUCCESSFUL
CAREER	PUZZLES	TIME
CONTRIBUTION	RELAXATION	TIRELESS
DECISION	ROUTINE	WITHDRAWAL
ENDURE	SAVINGS	

Puzzle #55

RUDOLPH THE RED-NOSED REINDEER

```
T  D  U  H  H  S  A  M  T  S  I  R  H  C  Q
W  E  X  Y  G  N  O  I  S  R  E  V  Z  T  W
T  B  N  A  N  I  M  A  T  I  O  N  Z  C  U
Y  G  G  O  F  I  E  L  G  H  N  E  E  L  G
A  D  J  D  O  L  H  L  C  I  G  G  D  I  B
O  M  B  A  W  R  U  S  S  T  A  J  O  H  S
J  R  R  L  H  F  C  I  S  S  A  L  C  N  G
E  H  E  E  C  A  R  T  O  O  N  T  O  P  H
B  G  G  E  C  A  R  O  L  N  M  I  N  A  Y
G  K  T  L  D  N  V  E  C  G  T  S  G  A  G
U  K  R  X  O  N  A  Y  C  B  P  H  S  H  S
F  B  Z  H  U  W  I  D  S  A  T  T  Q  C  T
D  U  W  H  Z  D  I  E  O  O  L  A  O  G  B
E  O  E  V  I  X  E  N  R  D  G  L  W  X  L
M  K  J  F  E  P  P  J  G  D  S  E  D  M  C
```

ANIMATION	FOGGY	SANTA
CAROL	GLEE	SHINY
CARTOON	GLOWING	SLEIGH
CHRISTMAS	HIT SONG	TALE
CLASSIC	NIGHT	VERSION
CROON	RECALL	VIXEN
DANCER	REINDEER	

Puzzle #56

SALON

```
U W T S D V A A Y A I X A A Z
Q E P Y L K Q L L U Z W J E Q
C A E P A W J O S A W O E O O
R V E G A S S A M L Z L W B F
C E L E M P S F X I J N J Q U
S O S D R E P M A P J A T W P
C W M S M L B O Q H S I L O P
R B E B E A U T I F U L U F L
U Z H V F R M Y F N M S P A N
B P U U R F D R Z Z T E X I F
J M A N I C U R E W M M L A R
O R G J D R C N I P R G E L W
F A A G T N E M T A E R T N R
H I V H I G H L I G H T E T T
B F M J S P X E M E S S U O M
```

APPOINTMENT   MANICURE   POLISH
BEAUTIFUL   MASSAGE   SCRUB
COMB   MOUSSE   SPA
FIX   NAILS   TREATMENT
GEL   PAMPER   WAX
HAIRDRESSER   PEEL   WEAVE
HIGHLIGHT   PERM

SHAKESPEARE

```
C A L C D Y R A L U B A C O V
L T H G I R W Y A L P T L Z O
D U T A K E A E T E M V D C C
M I D R T L B M F R Q S U U P
H M V R E J V L A N A H P C O
Q R Y I A T V I O T G G U P T
N Y S J V B A F S U I N E G R
W O I N F L U E N C E C I D A
E L I Z A B E T H A N A O K Y
H S I T I R B P W T B J C C A
L M E O P J I C O N E B X K L
S H E P H E R D Z H W V K B I
E P Z N W R C T T E N N O S J
V M I S T A K E N S F D N L Y
U X C G U H X F D O A G Z N G
```

BARD	HOPE	POTRAYAL
BRITISH	INFLUENCE	SHEPHERD
DECEPTION	KING	SONNET
DRAMATIC	LIFE	TRAGEDY
ELIZABETHAN	MISTAKEN	VIVID
GENIUS	PLAYWRIGHT	VOCABULARY
GLOVE THEATER	POEM	

Puzzle #58

SHINE LIKE A FABULOUS DIAMOND

```
K  T  O  Q  W  H  H  L  N  W  H  F  X  J  J
L  X  G  N  I  D  D  E  W  A  X  E  K  Q  C
Z  D  S  O  K  M  P  G  P  V  X  R  D  O  L
S  K  N  I  S  J  D  Q  Q  J  L  I  V  I  B
W  U  Z  N  Z  G  T  E  U  F  D  A  A  W  T
C  M  O  S  S  E  N  D  R  A  H  A  P  O  R
E  S  H  I  E  T  N  I  H  O  L  X  Y  A  A
C  H  G  A  C  C  Y  O  R  Q  A  I  W  Y  N
P  O  L  E  W  E  J  L  T  M  N  A  T  A  S
W  W  T  A  M  F  R  J  E  S  L  E  C  Y  P
L  C  U  A  D  B  S  P  D  A  M  A  Y  G  A
N  A  T  U  R  A  L  F  F  R  F  E  M  L  R
A  S  L  P  P  A  M  M  I  N  I  N  G  H  E
L  E  N  O  T  S  C  A  O  M  Q  K  C  R  N
B  K  E  L  K  R  A  P  S  X  V  A  Q  C  T
```

ADAMAS	NATURAL	SPARKLE
CARAT	PRECIOUS	STONE
GEM	QUALITY	STYLE
GEMSTONE	RED	TRANSPARENT
HARDNESS	RINGS	WEDDING
JEWEL	SHOWCASE	
MINING	SIZE	

Puzzle #59

SPECIAL OLYMPICS

```
F Y A T H E L E T E S A C H O
N O T N I M D A B O W L I N G
T A B L E T E N N I S F Y C U
Y P V G H H S P E C I A L D N
S W M G N I R E T S O F D O R
V C J G L I A O I Q M K S N G
O A I G N L L A B T E K S A B
L Y C T N I A C M T S Y H T V
L G O S S I K B Y I X I M I A
E Q N L H A N A T C J U D O S
Y C A I K T N I Y F C O S N S
B F T I I X P M A A O H W Y U
A U D L W K F Z Y R K S J J V
L Z U I J R S P W G T Z K F A
L H G G N I D R A O B W O N S
```

ATHELETES   GOLF   SPECIAL
BADMINTON   GYMNASTICS   TABLE TENNIS
BASKETBALL   JUDO   TRAINING
BOWLING   KAYAKING   VOLLEYBALL
CYCLING   SKIING
DONATION   SNOWBOARDING
FOSTERING   SOFTBALL

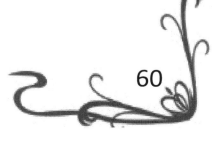

60

Puzzle #60

ST. PATRICK'S DAY

```
E  F  G  B  A  B  S  O  N  P  S  X  P  X  D
W  U  Z  V  B  E  D  S  U  Y  O  Y  W  V  I
S  S  R  W  P  Y  A  Y  E  K  S  I  H  W  K
F  F  T  E  O  E  Z  K  E  N  B  C  B  M  M
C  I  U  H  U  O  Z  D  V  N  I  C  Z  J  O
R  D  R  Q  G  M  L  V  S  I  I  U  Q  Q  O
O  D  F  A  H  I  I  E  X  K  T  R  G  B  N
G  L  H  J  E  C  N  C  N  E  M  M  H  I  F
U  E  U  K  R  S  G  K  L  S  X  O  I  S  L
E  R  K  F  D  I  C  I  L  O  H  T  A  C  O
B  Q  E  D  I  W  P  A  F  W  V  C  Z  U  W
C  D  Y  H  J  C  O  T  T  A  G  E  S  I  E
K  M  U  T  T  O  N  S  H  V  T  I  R  T  R
B  C  H  C  H  X  P  A  R  A  B  L  E  S  S
E  I  R  I  S  H  C  O  F  F  E  E  S  F  W
```

BISCUITS	GUINESS	ROGUE
CATHOLIC	IRISH COFFEE	SHRINE
CLOVER	KEG	TURF
COTTAGE	KNIGHTS	WHISKEY
DAZZLING	MOONFLOWERS	WOOLENS
FANCIFUL	MUTTON	
FIDDLER	PARABLE	

Puzzle #61

SUMMERTIME FUN

```
G S F I R X N G N I P P O H S
K H S A S W A A M R B O P X J
W M E G S O V G E T L A O U R
A J J D N C N O S C H O O L U
T V O Z A I I L G S O V N Z G
E A V U K N D N E N P C S K I
R R E X P L O R A T I O N S Y
M W R H V J D M A T S P R F I
E N N E W B D V E O I C M T I
L U I T T J N R W L B O J A S
O K G S R A S C E E C E N I C
N G H O R I W V A A H D K C B
T T T K Z A P U G D M M T A R
U X S I G H T S E E I N G N W
G N I M M I W S Z P N X I D K
```

CAMPING

DREAM

EXPLORATIONS

FASCINATION

HEAT

LEMONADE

NO SCHOOL

OCEAN

OVERNIGHTS

POOL

SHOPPING

SIGHTSEEING

SPORTS

STARS

SWIMMING

TRIPS

WAKE BOARDING

WATER

WATERMELON

62

TEXAS HISTORY

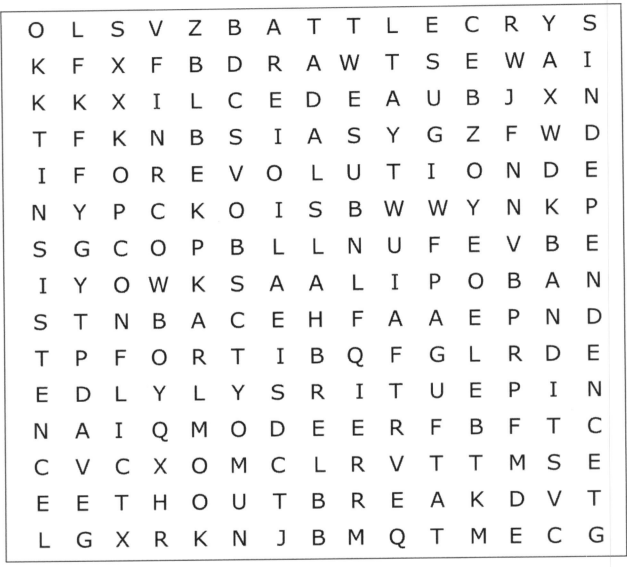

```
O  L  S  V  Z  B  A  T  T  L  E  C  R  Y  S
K  F  X  F  B  D  R  A  W  T  S  E  W  A  I
K  K  X  I  L  C  E  D  E  A  U  B  J  X  N
T  F  K  N  B  S  I  A  S  Y  G  Z  F  W  D
I  F  O  R  E  V  O  L  U  T  I  O  N  D  E
N  Y  P  C  K  O  I  S  B  W  W  Y  N  K  P
S  G  C  O  P  B  L  L  N  U  F  E  V  B  E
I  Y  O  W  K  S  A  A  L  I  P  O  B  A  N
S  T  N  B  A  C  E  H  F  A  A  E  P  N  D
T  P  F  O  R  T  I  B  Q  F  G  L  R  D  E
E  D  L  Y  L  Y  S  R  I  T  U  E  P  I  N
N  A  I  Q  M  O  D  E  E  R  F  B  F  T  C
C  V  C  X  O  M  C  L  R  V  T  T  M  S  E
E  E  T  H  O  U  T  B  R  E  A  K  D  V  T
L  G  X  R  K  N  J  B  M  Q  T  M  E  C  G
```

BANDITS	FORT	REPUBLIC
BATTLE CRY	FREEDOM	REVOLUTION
BUFFALO	INDEPENDENCE	TRIBES
COLONY	INSISTENCE	VILLAGE
CONFLICT	MAVERICK	WAGON
COWBOY	OUTBREAK	WESTWARD
DAVY	PLAINS	

Puzzle #63

THANKSGIVING DAY

```
D G H S K N A H T G N I V I G
K N S U B A B D H D P N I H I
R A E M B P A L A E S T C O N
G T C U T N E I E N J K T G T
A I U P G H H L R S A E O I E
I O L H W X G T W E S C R F R
B N A N R S Z U U Y B I Y S M
Y H R L A C P C O O K I N G I
C O N G R E S S D R M C L G T
R O A Z O A B E C J D Y V X T
O D W F J H V B J B V D L S E
L A C I R O T S I H J A V P N
P C O N T R O V E R S Y U O T
E C I F I R C A S N A J T U O
P R E S I D E N C Y D C A X R
```

BLESSING
CANADA
CARIBBEAN
CONGRESS
CONTROVERSY
COOKING
DROUGHT

END
GIVING THANKS
HISTORICAL
INTERMITTENT
LIBERIA
NATIONHOOD
PLYMOUTH

PRESIDENCY
SACRIFICE
SECULAR
VICTORY

64
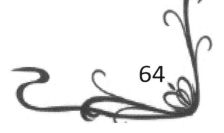

Puzzle #64

THE BEAUTY OF COLORING

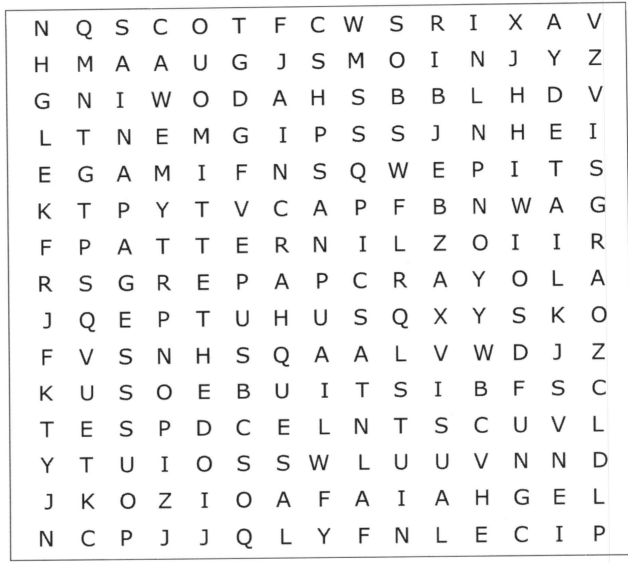

```
N  Q  S  C  O  T  F  C  W  S  R  I  X  A  V
H  M  A  A  U  G  J  S  M  O  I  N  J  Y  Z
G  N  I  W  O  D  A  H  S  B  B  L  H  D  V
L  T  N  E  M  G  I  P  S  S  J  N  H  E  I
E  G  A  M  I  F  N  S  Q  W  E  P  I  T  S
K  T  P  Y  T  V  C  A  P  F  B  N  W  A  G
F  P  A  T  T  E  R  N  I  L  Z  O  I  I  R
R  S  G  R  E  P  A  P  C  R  A  Y  O  L  A
J  Q  E  P  T  U  H  U  S  Q  X  Y  S  K  O
F  V  S  N  H  S  Q  A  A  L  V  W  D  J  Z
K  U  S  O  E  B  U  I  T  S  I  B  F  S  C
T  E  S  P  D  C  E  L  N  T  S  C  U  V  L
Y  T  U  I  O  S  S  W  L  U  U  V  N  N  D
J  K  O  Z  I  O  A  F  A  I  A  H  G  E  L
N  C  P  J  J  Q  L  Y  F  N  L  E  C  I  P
```

BOOK	LINES	RAINBOW
CRAYOLA	LOOPS	SCENES
DETAIL	PAGES	SHADOWING
DISPLAY	PAPER	UNIQUE
FUN	PATTERN	VISUAL
ILLUSTRATE	PENCILS	
IMAGE	PIGMENT	

Puzzle #65

THE FOODIE MAGICIAN

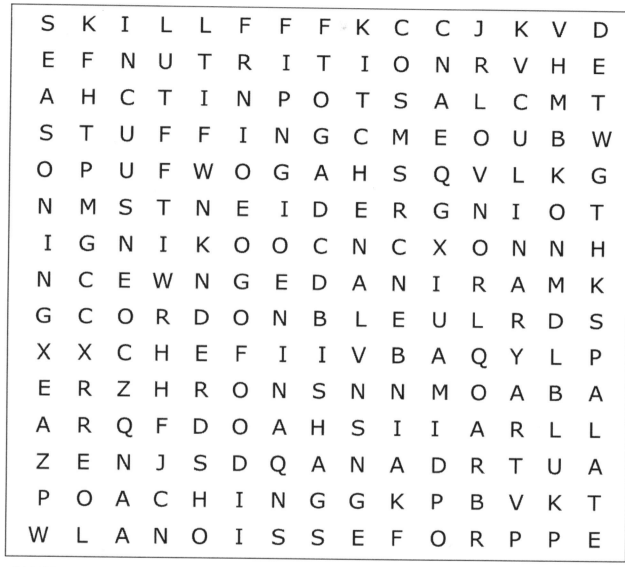

```
S  K  I  L  L  F  F  F  K  C  C  J  K  V  D
E  F  N  U  T  R  I  T  I  O  N  R  V  H  E
A  H  C  T  I  N  P  O  T  S  A  L  C  M  T
S  T  U  F  F  I  N  G  C  M  E  O  U  B  W
O  P  U  F  W  O  G  A  H  S  Q  V  L  K  G
N  M  S  T  N  E  I  D  E  R  G  N  I  O  T
I  G  N  I  K  O  O  C  N  C  X  O  N  N  H
N  C  E  W  N  G  E  D  A  N  I  R  A  M  K
G  C  O  R  D  O  N  B  L  E  U  L  R  D  S
X  X  C  H  E  F  I  I  V  B  A  Q  Y  L  P
E  R  Z  H  R  O  N  S  N  N  M  O  A  B  A
A  R  Q  F  D  O  A  H  S  I  I  A  R  L  L
Z  E  N  J  S  D  Q  A  N  A  D  R  T  U  A
P  O  A  C  H  I  N  G  G  K  P  B  V  K  T
W  L  A  N  O  I  S  S  E  F  O  R  P  P  E
```

CHEF
COOKING
CORDON BLEU
CULINARY ART
DINING
FOOD
INGREDIENTS

KITCHEN
KNIVES
MARINADE
NUTRITION
PALATE
PASSION
POACHING

PROFESSIONAL
SEASONING
SKILL
STUFFING
TOP NITCH

66

THE INDEPENDENCE DAY SPIRIT

```
D  T  R  G  N  A  T  I  O  N  A  L  D  A  Y
S  T  R  E  C  N  O  C  U  W  A  V  I  N  G
R  L  A  S  C  I  N  C  I  P  O  O  X  T  T
H  I  A  E  E  L  A  C  I  T  I  L  O  P  G
Q  J  N  V  B  U  K  D  F  E  B  L  B  F  O
M  V  G  S  I  N  C  C  L  O  A  P  E  B  V
S  N  T  S  P  N  L  E  G  A  L  F  W  H  E
S  K  A  A  S  I  R  E  B  W  L  E  N  A  R
D  E  R  K  D  E  R  A  O  R  G  R  J  F  N
J  S  D  O  R  L  R  A  C  F  A  I  R  S  M
O  W  P  A  W  J  R  G  T  E  M  B  V  I  E
Q  O  C  E  R  E  M  O  N  I  E  S  J  G  N
Y  X  D  D  F  A  R  P  W  O  O  R  D  O  T
V  I  S  I  O  N  P  I  F  A  C  N  F  Z  W
S  E  H  C  E  E  P  S  F  N  V  J  E  P  F
```

BALL GAME	FIREWORKS	PICNICS
BARBECUES	FLAG	POLITICAL
CARNIVALS	FREE	SPEECHES
CEREMONIES	GOVERNMENT	VISION
CONCERTS	INSPIRATION	WAVING
CONGRESS	NATIONAL DAY	
FAIRS	PARADES	

Puzzle #67

JOBS

```
T  B  R  O  S  S  E  F  O  R  P  P  D  J  T
M  Y  R  A  T  E  R  C  E  S  Y  T  K  U  A
E  I  R  E  M  R  A  F  V  O  P  W  G  I  I
G  N  N  E  G  T  O  P  A  W  V  O  R  H  L
J  U  V  A  T  N  N  T  I  D  K  G  N  M  O
E  R  G  S  I  H  I  A  C  L  A  W  Y  E  R
A  S  E  E  B  C  G  R  T  O  O  X  G  P  M
L  E  L  H  O  C  I  I  E  N  D  T  K  C  Q
I  A  R  N  C  L  O  S  F  E  U  O  Q  D  L
R  R  B  O  C  A  O  M  Y  E  N  O  K  H  R
Z  E  E  O  S  M  E  G  P  H  R  I  C  N  Y
T  B  T  C  R  P  I  T  I  O  P  I  G  C  B
F  G  E  I  N  E  A  R  R  S  S  D  F  N  A
J  A  Y  B  R  A  R  C  H  I  T  E  C  T  E
D  X  G  N  A  W  D  D  E  Y  C  R  R  W  U
```

ACCOUNTANT	FARMER	PILOT
AEROSPACE	FIREFIGHTER	PROFESSOR
ARCHITECT	GEOLOGIST	SECRETARY
COMPOSER	LABORER	TAILOR
DANCER	LAWYER	TEACHER
DOCTOR	NURSE	WRITER
ENGINEERING	PHYSICIAN	

68

Puzzle #68

THE MAGIC OF CHRISTMAS

```
P  L  L  X  L  J  A  C  K  F  R  O  S  T  G
J  Q  D  C  R  A  N  X  C  A  I  U  Z  R  V
I  H  C  A  A  E  V  W  I  N  T  E  R  N  B
N  C  D  H  E  R  B  I  Z  W  F  P  O  O  O
G  C  I  F  R  R  O  M  T  U  S  X  I  V  D
L  K  V  C  C  I  B  L  E  S  S  I  N  G  S
E  L  Y  L  L  A  S  R  S  C  E  B  E  R  N
B  M  F  A  V  E  N  T  E  T  E  F  W  A  L
E  M  N  J  D  V  S  D  M  G  A  D  Y  T  I
L  U  F  L  E  G  N  A  L  A  N  Q  D  I  G
L  M  J  C  C  A  N  D  I  E  S  I  F  T  H
S  O  U  Z  M  U  S  I  C  O  S  E  G  U  T
A  Z  I  J  R  V  C  O  X  M  A  S  V  D  I
S  L  I  N  O  I  T  A  R  O  C  E  D  E  N
S  A  N  T  A  C  L  A  U  S  B  C  Q  R  G
```

ANGEL
BLESSINGS
BOXING DAY
CANDIES
CANDLES
CAROLS
CHRISTMAS EVE

DECEMBER
DECORATION
FESTIVAL
GINGERBREAD
GRATITUDE
ICICLES
JACK FROST

JINGLE BELLS
LIGHTING
MUSIC
SANTA CLAUS
WINTER
XMAS

69

Puzzle #69

THE SCARLET LETTER

```
C H R E M O N S T R A T E E H
E M H P S U C C O R E V I L E
C E E M Q L Y F W U O O C A K
S Q K D E C I R P A C P A M Q
R H N M I E N A E M G I R S J
S T Y G U F V I V I F Y X U D
G A L P I F I A B A S H T O P
C N A B O E J C U U F S J R
N G C J G C F Q E G Q Z N O J
L I A H P T R S N S U Z C G L
O B P B S U D I N F E R Y G O
N L C Z I A I N S I D I O U S
W E E P I L L O R Y F S V D Y
S U O V E I R G R C A R X A Z
T I N A M S I L A T Z W W G P
```

ABASH
AUGUR
AVAIL
CAPRICE
EDIFICE
EFFECTUAL
FEIGN

GRIEVOUS
HYPOCRISY
INFER
INSIDIOUS
MIEN
PILLORY
PURPORT

REMONSTRATE
REVILE
SUCCOR
TALISMAN
TANGIBLE
VIVIFY

70

A BIT OF FLOWER IN ALL OF US

```
K  L  S  E  P  L  U  M  E  R  I  A  O  H  H
G  K  O  O  S  A  P  P  E  V  O  L  R  Y  F
M  M  A  I  L  O  N  G  A  M  P  D  L  D  U
X  U  E  A  G  K  R  S  X  I  G  E  B  R  N
P  T  M  N  I  A  I  C  W  M  N  E  O  A  Z
C  A  M  E  L  L  I  A  H  E  R  O  W  N  Y
U  S  C  R  H  R  H  A  N  I  A  F  G  G  Y
O  O  U  A  F  T  W  A  E  E  D  T  O  E  S
V  R  F  L  U  I  N  S  D  T  M  Y  P  A  B
K  L  I  D  O  F  F  A  D  F  O  O  Z  E  K
B  R  T  R  F  T  T  V  S  K  L  R  N  W  A
L  H  V  S  I  N  U  Y  J  Y  Z  R  P  E  R
M  R  Z  B  H  S  L  S  Z  N  R  F  A  Z  O
K  O  R  J  O  K  I  S  M  A  T  H  M  T  D
Z  D  L  L  I  I  P  W  S  J  F  Z  C  G  I
```

ANEMONE
BEGONIA
CAMELLIA
CHRYSANTHEMUM
DAFFODIL
DAHLIA

HYDRANGEA
IRIS
LOTUS
MAGNOLIA
ORCHID
PEONY

PLUMERIA
PROTEA
ROSE
SWEAT PEA
TULIP

71

Puzzle #71

TRAVEL AND LEISURE

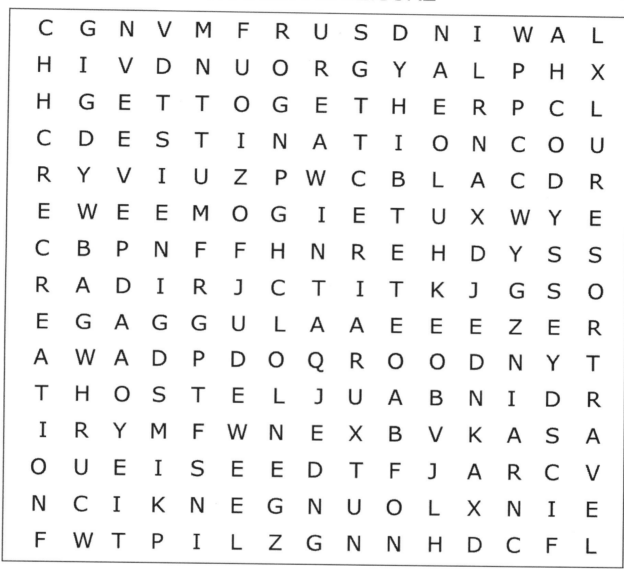

```
C G N V M F R U S D N I W A L
H I V D N U O R G Y A L P H X
H G E T T O G E T H E R P C L
C D E S T I N A T I O N C O U
R Y V I U Z P W C B L A C D R
E W E E M O G I E T U X W Y E
C B P N F F H N R E H D Y S S
R A D I R J C T I T K J G S O
E G A G G U L A A E E E Z E R
A W A D P D O Q R O O D N Y T
T H O S T E L J U A B N I D R
I R Y M F W N E X B V K A S A
O U E I S E E D T F J A R C V
N C I K N E G N U O L X N I E
F W T P I L Z G N N H D C F L
```

BOATHOUSE	HOTEL	RESORT
BUDGET	JOURNEY	SIDE TRIP
CANOEING	LOUNGE	TRAVEL
CARAVAN	LUGGAGE	TREK
DESTINATION	ODYSSEY	WEEKEND
GET TOGETHER	PLAYGROUND	WINDSURF
HOSTEL	RECREATION	

Puzzle #72

VALENTINE'S DAY

```
N  W  G  Y  H  E  Y  U  P  T  M  E  P  K  H
D  N  G  R  F  L  B  S  R  I  B  B  O  N  E
U  D  T  N  E  M  E  G  A  G  N  E  F  Z  A
K  A  E  X  I  H  A  D  H  T  C  H  U  G  R
C  H  O  C  O  L  A  T  E  Z  N  H  K  E  T
B  Y  R  E  T  V  R  B  N  V  Q  A  O  W  T
C  O  U  P  L  E  F  A  V  A  O  W  F  N  H
S  G  Y  Z  N  O  L  I  D  N  L  T  E  A  R
E  T  M  F  A  S  V  Y  A  I  O  L  I  N  O
L  X  X  A  R  M  S  E  X  N  A  I  A  O  B
C  C  C  Y  G  I  O  U  E  E  C  F  T  F  N
M  S  X  I  O  Y  E  U  K  R  R  E  F  O  O
A  G  I  F  T  S  C  N  R  D  M  O  G  K  N
Q  M  H  L  L  E  A  J  D  G  U  K  D  X  K
F  O  D  N  E  I  R  F  L  R  I  G  Y  A  M
```

ADORE	ENGAGEMENT	HEARTTHROB
AMOUR	EXCITE	LOVE
BOYFRIEND	FALLANT	NOTION
CHOCOLATE	FANTASY	RIBBON
COUPLE	FIANCE	
DARLING	GIFTS	
DEVOTION	GIRLFRIEND	

Puzzle #73

VISITING THE ZOO

```
N  R  R  F  G  O  L  X  I  J  V  T  W  L  E
W  M  S  U  F  N  L  N  F  E  R  E  G  I  T
O  O  N  F  M  Q  Q  R  I  P  N  U  U  K  H
T  N  A  H  P  E  L  E  F  U  B  D  M  I  P
T  K  K  R  A  E  B  K  O  I  G  O  J  E  E
Q  E  E  Y  O  T  N  L  X  I  S  N  O  I  L
I  Y  C  I  Y  T  E  O  W  Z  E  K  E  Y  R
A  B  Z  Z  T  M  A  E  I  O  C  E  E  P  T
G  D  E  U  T  A  O  G  H  L  F  Y  O  P  D
Y  I  B  S  X  C  K  F  I  C  A  A  D  L  S
X  K  R  C  F  A  B  R  N  L  P  E  E  D  F
U  M  A  A  N  W  D  T  E  H  L  J  S  P  Z
U  M  N  J  F  E  F  B  K  E  H  A  V  M  R
T  W  J  N  H  F  F  O  F  Z  M  Z  H  M  H
R  T  Z  L  U  J  E  P  J  A  D  P  B  N  K
```

ALLIGATOR	GIRAFFE	PEAFOWL
BEAR	GOAT	PENGUIN
CHEETAH	LEMUR	SEA LION
DONKEY	LION	SNAKE
ELEPHANT	MACAW	TIGER
EMU	MEERKAT	ZEBRA
FOX	MONKEY	

74

Puzzle #74

WAKE UP WITH A POSTIVIE MOOD

```
S  W  E  E  T  A  P  E  L  Y  L  M  C  P  P
F  U  Q  T  N  E  I  T  A  P  K  B  F  K  F
G  Y  O  J  D  L  H  H  H  O  V  C  N  R  L
Y  T  I  R  G  E  T  N  I  L  M  N  U  E  M
M  A  C  C  E  P  T  A  N  C  E  Q  U  L  G
M  R  F  X  P  N  U  A  A  A  L  J  F  I  Y
R  T  A  L  X  S  E  D  I  D  O  A  L  E  B
D  C  E  L  T  N  E  G  E  C  V  J  Z  F  N
B  L  H  N  A  F  I  J  C  T  E  B  J  L  D
I  D  L  U  F  R  E  W  O  P  I  R  R  I  X
V  D  F  O  R  G  I  V  I  N  G  C  P  F  U
W  O  R  T  H  Y  K  J  Y  L  A  C  X  P  W
X  I  Q  F  A  N  T  I  C  I  P  A  T  E  A
B  K  R  E  D  N  O  W  N  L  I  V  E  L  Y
C  Y  F  S  I  T  A  S  B  D  N  L  T  T  J
```

ACCEPTANCE	INTEGRITY	POWERFUL
ANTICIPATE	JOY	RELIEF
APPRECIATED	KIND	SATISFY
EXCITED	LIVELY	SWEET
FORGIVING	LOVE	WONDER
GENEROUS	LUCKY	WORTHY
GENTLE	PATIENT	

75

WE BRING PHOTOGRAPHY TO LIFE

```
O A O A G C A N V A S X A C A
O F Q L I L D C L T R I P O D
H H S P L O Q F R A M E S N R
W D C X L S E N Z J C C M T B
A D E A U E N V I S I O N A A
I Q N O S U Q X O V J V F C C
J D E U I P L O P K M I A T K
B B R I O S I M A G E L H P G
N P Y F N R F F Z H D P C R R
W M O N T A G E E T H R O I O
R X N O I T C E L F E R N N U
E G A T N A V W R W E I V T N
B B H G V W J K U O B F E Y D
Z D I R C X S F I N F E Y G O
P K T O H S G U M C J G C N B
```

BACKGROUND
CAMERA
CANVAS
CLOSE UP
CONTACT PRINT
CONVEY
ENVISION

EVOKE
FOCAL
FOREGROUND
FRAME
ILLUSION
IMAGE
MONTAGE

MUG SHOT
REFLECTION
SCENERY
TRIPOD
VANTAGE
VIEW

Puzzle #76

WEDDING, THE NEXT LEVEL OF LIFE

```
X  I  M  U  P  M  A  R  R  I  A  G  E  J  N
Q  C  G  G  D  N  A  B  S  U  H  J  J  U  J
P  E  C  N  A  D  T  S  R  I  F  M  M  E  F
H  Q  J  O  I  K  P  E  S  N  V  N  H  M  L
Z  U  T  X  M  R  V  T  J  I  T  M  F  X  O
T  R  Q  M  R  P  C  E  X  S  K  U  A  U  W
E  E  F  I  W  H  A  R  G  Y  L  M  M  Z  E
N  B  U  F  F  E  T  N  A  A  G  T  K  M  R
D  Q  B  Q  I  X  U  A  I  S  L  E  C  Q  G
E  I  R  N  U  A  Y  L  B  O  K  A  Z  J  I
R  E  V  S  W  O  V  U  D  M  N  C  D  P  R
N  T  C  S  U  F  B  I  W  C  O  S  R  A  L
E  C  D  U  T  Y  B  J  H  O  T  L  H  T  K
S  P  O  G  N  I  T  S  A  L  B  N  C  I  B
S  R  D  I  A  M  S  E  D  I  R  B  O  L  P
```

AISLE	FIRST DANCE	MARRIAGE
BBOW	FLOWER GIRL	RING
BOUQUET	GALA	TENDERNESS
BRIDESMAID	HUSBAND	VOWS
BUFFET	KISS	WIFE
COMPANIONSHIP	KNOT	
ETERNAL	LASTING	

Puzzle #77

WHAT BEING A DAD REALLY MEANS

```
F T J O A G U T K Z P A T M Q
N P G N I D N A T S R E D N U
Q L F N K E V I T R O P P U S
B A D G N I R U T R U N X Q T
E Y E N G S R X A P D Q B Y H
H I D D O H S G S T E P U P A
R N I G I X R E L O O C C K N
V G C T A Y R X N O Z Z C S K
P E A A D C Z P U D K L D A F
R A T K R E D A J Q N M J G U
O T I E O Z F G R O W I N G L
T Q O C A H F Y I C B L K S N
E C N A D I U G Y E K B O W E
C G P R E L E D O M E L O R S
T L S E M A G Y L L I S H L S
```

ACCEPTING
COOL
CRAZY IDEA
DEDICATION
GROWING
GUIDANCE
JOB

KINDNESS
NURTURING
PLAYING
PROTECT
PROUD
ROLE MODEL
SILLY GAMES

STEP UP
SUPPORTIVE
TAKE CARE
THANKFULNESS
UNDERSTANDING

78

WHAT BEING A MOM REALLY MEANS

```
G W V V P D G N I T N E R A P
H N L L K G O S E L F L E S S
G K I R L H N O P D A X U Z U
Y S Y P Z E E I H H K Z D O I
Y T U A E B W A L R T A G R S
G S I S V E D S R G E M S G Z
Y I U L T M L H T T G H R B B
R P V O I E D S I R B U T A P
S E R E I B A L T A A R R O W
I G M F B R A C I N G E E T M
A S Y O J I A B H H X V H A S
W D M Y S A R L K I C N O U K
I E T J Y E C T I X N X E A U
W I Z O S V W M H H N G A S Y
D Q O L W N I A P H U L N I V
```

ABILITY	HEARTBREAK	SLEEPING
AWESOME	HILARIOUS	SOUL
BEAUTY	JOYS	STRUGGLING
BRACING	MOTHERHOOD	TEACHING
CHILD	PAIN	WARMTH
GIVE BIRTH	PARENTING	
HEART SWELL	SELFLESS	

79

WINERIES AND VINTNERS

```
L  R  X  N  O  I  T  A  T  N  E  M  R  E  F
D  R  A  Y  E  N  I  V  G  X  J  Y  E  L  D
L  G  R  A  P  E  V  I  N  E  S  T  K  U  A
W  E  V  R  C  O  N  S  U  M  E  E  E  Q  S
D  W  R  O  W  C  U  L  N  O  E  Z  N  M  W
G  I  I  R  I  Q  O  R  L  R  L  F  P  I  X
Y  N  D  N  A  U  U  L  R  I  P  D  J  I  V
X  E  I  I  E  B  T  B  A  W  T  C  Q  J  H
G  M  A  T  U  R  M  U  E  D  Z  S  T  T  C
L  A  E  S  S  Q  Y  B  A  S  E  W  I  N  E
L  K  Y  Q  T  A  I  B  I  E  A  L  C  D  X
G  E  Y  X  L  S  T  L  L  X  T  G  C  Z  B
Y  R  O  V  A  S  F  E  U  H  U  A  Y  H  Z
T  T  B  H  I  L  L  S  I  D  E  V  H  X  M
I  W  I  N  E  C  E  L  L  A  R  Z  F  C  I
```

ACCOLADE	FERMENTATION	VINES
BARREL	GRAPE VINES	VINEYARD
BASE WINE	HILLSIDE	WINE CELLAR
BUBBLES	LIQUID	WINEMAKER
CHATEAU	POUR	WINERY
CONSUME	SAVORY	YEAST
DISTILL	TASTING	

Puzzle #80

WOMEN HISTORY MONTH

```
O I K K D O O H R E H T O M A
V T N Y R A N O I S S I M V T
K X W V S R E T C A R A H C O
O E C N E T S I S R E P L S L
A Z S G D N S X X B P K K U E
W L T I N L T P R R U G V P R
Y Y N S W N O I T A R I P S A
V T A L E N T B V V P I R T N
K C I M A N Y D K E O L A A C
I Z Y R U G R A K M S L I N E
O P K R G Z X A Y P E J S D U
V Q Q A S E F H E A F K E I I
H T G N E R T S A T U N V N U
F U P C X Y R N P H L K S G S
G P V E L F F L I Y U P D W R
```

ASPIRATION   INTEGRITY   STRENGTH
BOLD   INVENTIVE   TALENT
BRAVE   MISSIONARY   TOLERANCE
CHARACTER   MOTHERHOOD   UPSTANDING
DYNAMIC   PERSISTENCE   WISE
EARNEST   PRAISE
EMPATHY   PURPOSEFUL

81

3... 2.. 1... SEWING
Puzzle # 1

		S	K	I	N	C	L	O	T	H	I	N	G
		S	T	R	A	E	L	I	T	X	E	T	
	N	R	A	Y	G	N	I	N	N	I	P	S	
									M				
		S	P	O	H	S	T	A	E	W	S		
T	A	I	L	O	R	I	N	G			C		
S			S								H		
	R			T	H	O	B	B	Y	I	S	T	S
C		E	S	E	H	C	T	I	T	S	N		
	U	C	G	C		N	E	E	D	L	E	S	
		T	R	R	I			J	T	H	R	E	A	D
E	V	I	T	A	E	R	C		B			W	
		I	F	S	B			O		N			
			N	T		A							
W	E	A	V	I	N	G		F					

70'S FASHION TREND
Puzzle # 2

			E	L	G	N	A	B	E	G	R	A	L
S				P	O	T	T	N	A	S	A	E	P
	S	E			L								
	E	I		C			D						
		R	P		L	B		D					M
E		R	D	P		O			I				A
	I		E	D	I	W	G			S			X
	T			T	O	H		S			C		I
		K		R	M			S			O	D	
			C	F	L	O	P	P	Y	H	A	T	R
	S	L	L	E	B	D	E	R	O	L	O	C	E
	K	C	E	N	E	L	T	R	U	T	E	S	
													S

80'S FASHION TREND
Puzzle # 3

								B		
E			S					L	R	
S	G			M		A		A	O	
T	L	A		T	I	C		Z	C	
Y		L	T	D	R	N	C	E	K	
L		A	N	R	I	E		R	F	
E			R	I	A	K	S	D	S	A
L			E	V	P	S			S	
B				V		O	G		H	
D				O	R	E	N	I		
	N				I		L	O		
		E			E			N	L	
		V	J	U	M	P	S	U	I	T
	P	O	T	E	L	F	F	U	R	
		W								

90'S FASHION
Puzzle # 4

	S	O	L	D	F	A	S	H	I	O	N	E	D
C	O	R	S	E	T	S	R	E	K	A	E	N	S
P		E						H					
	L		K				A	I					
	A			C	A	M	O	P	A	N	T	S	
S	G	N	I	R	D	O	O	M	H	P			
		D			H		U		A				
	S	P	O	T	P	O	R	C	G		R		
S	T			L	A	N	I	G	I	R	O	E	
P	I						E					L	
S	C	A	R	F	T	O	P	S	R				
	R		T	R	I	K	S	I	N	I	M		
S	E	B	U	T		U							
		S		O									
S	T	L	E	B	N	I	A	H	C				

82

A LEANER, MEANER RESOLUTION
Puzzle # 5

	C	O	N	S	I	S	T	E	N	T		
	E	O			R	E	F					
T	F	U			O	T	A					
	N	F	T			R	U	I				
Y	R	E	V	O	C	S	I	D	R	L	L	
T		M	O	R	O			E	O	U		
	E	E	T	W	T	M		S		S	R	
	G	D	I			E		U		E	E	
C	I	R	C	U	M	S	T	A	N	C	E	S	R
		A		T	M		I			O		
		T	E	I	O		R			F		
		V	T	C		G						
	T	S	U	J	D	A	T	T	E	M	P	T
	Y	D	R	U	T	S	R	A				
	P	O	S	S	I	B	L	E				

ACCESSORIES IS THE VITAMIN FASHION
Puzzle # 6

	T	N	A	Y	O	B	M	A	L	F		
		T	E	L	E	C	A	R	B			
	G	N	I	H	T	O	L	C				
R	C	O	S	M	E	T	I	C	S		H	
	E	Y	R	U	X	U	L	R		C	I	T	E	M
	X	T	R	S			S	E	L	G	N	A	B
P	P	E	T	L	G				O	H		
A	E	U	C	I	E	N			C	H		
L	N		E	A	L	W	I		H	E		
E	S		K	L	G	E	R		E	E	C	
T	I			A	K		J	R	H	L		A
T	V			M	C			A	S			L
E	E		P	A	S	T	E	L	T	E		
				S	G	N	I	R				

ACTIVITY & LEISURE
Puzzle # 7

AN ARMY OF HOT AIR BALLON
Puzzle # 8

ANIMAL KINGDOM
Puzzle # 9

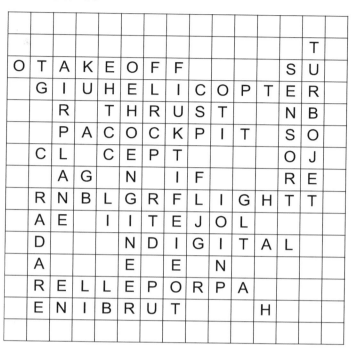

	H					H							
	I					A			F	O	L	D	
		B				B							
W		S	E			I		B					
	E	S	E		R		T	O	C	E	A	N	
T		T	E	I	E	N	D	A	N	G	E	R	E	D
E		A	L	T	T		A	T			H			V
R		Q	N	A	I	I		T			I			E
R	C	U		N	N	S	N	Y	I		V			L
A		A		A	D	A	U	N	O	E				D
R		R	V		V	S	R	M	O	N	E	S	T	
I		I	N	E	R	R	A	W	A	M	L			S
U		U						S		P	O	O		
M		M	E	L	C	Y	C	E	F	I	L	C	C	
			L	A	C	I	P	O	R	T				

AVIATION IN THE BIG BLUE SKY
Puzzle # 10

											T	
O	T	A	K	E	O	F	F			S	U	
	G	I	U	H	E	L	I	C	O	P	T	E	R		R
		R		T	H	R	U	S	T		N	B
		P	A	C	O	C	K	P	I	T	S	O
C	L		C	E	P	T				O	J	
	A	G		N			I	F		R	E	
R	N	B	L	G	R	F	L	I	G	H	T	T
A	E		I	I	T	E	J	O	L			
D			N	D	I	G	I	T	A	L		
A			E		E		N					
R	E	L	L	E	P	O	R	P	A			
E	N	I	B	R	U	T			H			

BEHOLD THE POWER OF VITAMINS
Puzzle # 11

				D	T	A	B	L	E	T	
	P	O	W	D	E	R	I				
			B	O	T	T	L	E			
			S		P		T				
H		H	E	A	L	I	N	G		A	
	S	P		H	G		L	M	I	N	E	R	A	L
E	C	I	R		E		L	W			Y	
	C	I	N	O	F	A	T	S	O	L	U	B	L	E
O	S	N	L	E	T		L		D	L	
	R	E	A	O	L	E		T		E	L
	G	U	T	B	P	I		H		E	A
	A	S	S	A	E	N			S	W	
	N	S	B	T	R	S				S	
	I	I	U	E							
	C	T	S	M							

BEST FRIEND FOR LIFE
Puzzle # 12

						G						
L	U	F	H	T	U	R	T	N	H	T	U	O	Y
			T	C	E	T	O	R	P	P		
R	E	S	P	E	C	T	F	U	L		E	
N			G	I	R	L	F	R	I	E	N	D
O		G	G	N	I	V	I	G	R	O	F	
	I	D	N	E	I	R	F	Y	O	B		I
	T		I	T	S	E	N	O	H			L
	C		R		S							
T	R	A	V	E	L	A		E				
Y	N	N	U	F		C		L				
C	O	M	F	O	T		B					
Y	T	I	L	A	N	O	S	R	E	P		
T	R	U	S	T	W	O	R	T	H	Y		
T	N	E	P	S	E	M	I	T				

BREAKFAST TIME
Puzzle # 13

```
. Y O G U R T S . . . . . .
. . M . . . E . . J . . . .
. . . M O A T M E A L . . .
. R . U . . A . . M . . . .
. E . Y . . . W . I A . . .
. T . . . . . . . L H . . .
. O T I U R F Y . K . . . .
. D U . . . . E . . . . . .
. A B . . . . . N . . . . .
T S A N D W I C H . S O . .
. E N . . T O A S T G H . .
. L O . . V . . . G . . . .
. E C I U J . A P P L E . .
. . M A E T N E E R G . . .
. . O B R E A D . . . . . .
```

BURN THOSE FATS
Puzzle # 14

```
. . . M O T I V A T I O N . .
N . . . . . . . . . . . . . .
U . . . Y . . . . L . . . . .
T . P M U J . H . . . A . . M
R E G N I N O I T I D N O C U
I . X . . S G . L . . . . G S
T Y . E T I F T G . A . . Y C
I . P C R E . . H I . E . M L
O T D A N C I N G G N . H N E
N I U L R . I D . . . I G A S
. D O . E . S . . . E . . S .
. . R K . H . E . . . W I . .
. . I A R . T G N I N N U R .
. . E . C O . . . . . . M . .
G N I S O L . W . . . . . . .
```

CAMPING TRIP
Puzzle # 15

```
. N G A B G N I P E E L S . S
. A . . . O S W I M M I N G U
H T . Y O U T H B . . . . . N
. U . . T . A A . . . . . . G
. R M . D . . C . T . . . . L
. E . O . O . K T . N . . . A
W . . F U O . Y P H I K E . S
R I S P I R T Y A D . V . T S
P E L . . S . . C R . . I . E
. L M D . . H . K . P . . T S
. A M L . . . I . . . S . . Y
. . Y U I . . N . . . . G . .
. . . I S F . . . G T S E U Q
S T H G I N R E V O . . . . B
. . . . . G C A M P F I R E
```

CAT BREED
Puzzle # 16

```
. N W O R B A N A V A H . S .
. . A . . . U . . . . . . N .
. . . I . X E R H S I N R O C
. L A G N E B . M . . . . W .
. . B A L I N E S E . . . S .
. . O . . S A . . S . . . H .
. . M F . . S M . . E . . O .
. . B O . . . Y R . . . . E .
C H A R T R E U X B I . . . .
. . Y E S E M A I S A B M . .
N A I S R E P L L O D G A R .
. . . T M A I N E C O O N . .
. . . C . . . . . . . . X . .
N A Y A L A M I H . . . . . .
. . . T . . . . . . . . . . .
```

85

CHARITY
Puzzle # 17

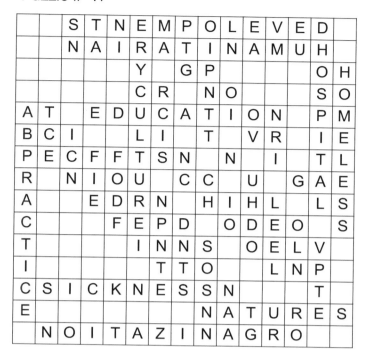

```
    S T N E M P O L E V E D
    N A I R A T I N A M U H
        Y   G P     N       O H
        C R   N O           S O
A T   E D U C A T I O N   P M
B C I   L I   T   V R   I E
P E C F F T S N   N   I   T L
R N I O U   C C   U   G A E
A   E D R N   H I H L   L S
C   F E P D   O D E O     S
T     I N N S   O E L V
I       T T O     L N P
C S I C K N E S S N     T
E           N A T U R E S
  N O I T A Z I N A G R O
```

CHOCOLATE & COCOA
Puzzle # 18

```
  W                           H
T A E R T E E W S Y     H   E
L   D         U   O       R
N     S O   G G     J   S
U     R U O V A L F   N H
T       O F R R         E
S S   T   E   I K   N     Y
  B     U   N   C N     I
    I     N   T   I U   S
      N     O   I   L J   H
              C   C R E A M Y
T R U F F L E S O A I E D
              R C   N F
              A     G A
              O B       W
```

DANCING AS A HOBBY
Puzzle # 19

```
O C S I D   R E H E A R S A L
    M U S I C A L
T W I S T     A       S
        R   R   S T U D I O
  M         O   T       E
  O   Z       F M S     P
S   D   Z       F H E     S
  H     E B A L L E T H
    U     R   J O   N Y C
      F     N   O   O E H R
        F     D R E   G R R O
      F O L K D A N C I N G
          E     N   A   A Y
              C   R     T
      A L U H       E   G
```

DISCOVER THE WORLD OF RAIN FOR
Puzzle # 20

```
              M L S J
        R     A A P U
    H     O     M V E N
T U   C   P     M E C G
R M E R U T A E R C A M I L
O I   E A     V       L I E E
P D   A M P H I B I A N S R S
I I   T A I R P L A N T S   P
C T   I Z   R E T A W N I A R
A Y   O O       A
L   N N       S T O O R
M E T A M O R P H O S I S
                T I M B E R
          L L A F R E T A W
T H U N D E R S H O W E R H
```

86

DO YOU KNOW NAVY SEAL?
Puzzle # 21

S	O	L	D	I	E	R		M	R	O	F	I	N	U
R	E	D	A	E	L		S	T	R	A	T	E	G	Y
	E	C	N	E	G	I	L	L	E	T	N	I		
	A	R		U			S	S						
	L		O	N		M		C						
	L		F	F	A		A	U	I					
	T		F	I	D	V		E		T	A	S	K	
	O		I	R		E	Y		T		C			
	D	S	C	E	O		M			A				
	U		E			L	D	R	A	U	G		T	
	T		R	A			A		A					
	Y					V								
			H	T	G	N	E	R	T	S				
			G	N	I	T	H	G	I	F				
U	N	I	T											

DOG BREED
Puzzle # 22

Y		G	O	D	P	E	E	H	S	G	U	P		
L	K						G				I			
A	D	S					O			T				
B	D	N	U	H	S	H	C	A	D	D		B		
R	E		U	H						L	U			
A	E	N	B	O	R	D	E	R	C	O	L	L	I	E
D	P	L	A	U	H	A	U	H	I	H	C	L	U	
O	O		I	D		T						B		
R	O	B		E	T		E	L	G	A	E	B		
	D		E		W	A		S						
	L		R		T	E		S						
	E		M		T	R		A						
			A		O	G		B						
R	E	I	R	R	E	T	N		R					
	M	A	L	T	E	S	E							

DREAM OF COLOR, BE INNOVATIVE
Puzzle # 23

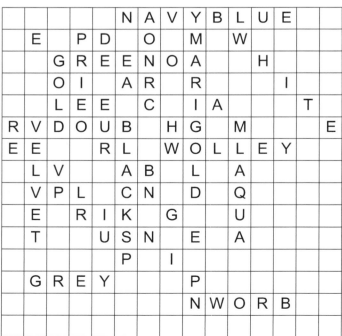

			N	A	V	Y	B	L	U	E	
	E		P	D		O		M		W	
		G	R	E	E	N	O	A			H
		O	I		A	R		R			I
		L	E	E		C		I	A		T
R	V	D	O	U	B		H	G		M	E
E	E			R	L		W	O	L	L	E	Y
	L	V			A	B		L		A	
	V	P	L		C	N		D		Q	
	E		R	I	K		G			U	
	T			U	S	N		E		A	
				P		I					
	G	R	E	Y				P			
					N	W	O	R	B		

EASTER BUNNY
Puzzle # 24

	S			T		E							
		U		M	O		L	I	L	I	E	S	
		Y	O		S	R	F	C					
P	A		L	L		I	R	A	A				
	I		P		O	A		T	A	M	R		S
N	C	H	U	R	C	H	E	R	P	C	I	I	E
O	S	S	S	I			Z	E	A		L	M	R
	I	G	D	T	L	R		N	B		Y	V	
S		T	G	N	I		E		D	N		I	
P			C	E	E	B		T	Y		I	C	
R			N		I	B		S			D	E	
I	S	P	I	L	U	T	R	A		A		S	
N				F		F	R		E				
G			L	A	S	R	E	V	I	N	U		

87

EASY VERBS
Puzzle # 25

FINANCE-NOW!
Puzzle # 26

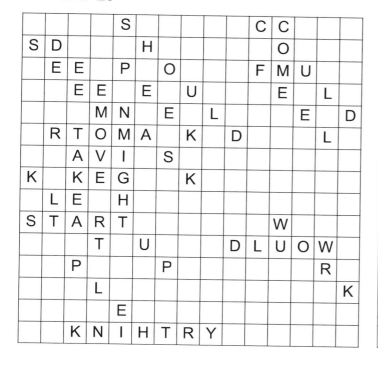

FLY FREE LIKE A BIRD
Puzzle # 27

GRANDPARENTS DAY
Puzzle # 28

HAPPY BIRTHDAY!
Puzzle # 29

```
A N . T R E S S E D . . .
L N O I T A I C E R P P A
O A N I . Y . . . K . . .
. C U I T S A E F G A M E S
. . C G V A . R . . C . .
. . A H E R . O . . . . .
Y . G . S T R B . O . G .
. L . N . I E S E . H . I
. . I E O . O R A L . . F
. . . M V S G N I R E H T A G
. . . A E Y . . . Y C S .
. I T T E F N O C O S T U M E
G N I T S A O T J . . . .
. . E D I W D L R O W . .
. . . . . . . . . . . . .
```

HAPPY MOTHERS DAY
Puzzle # 30

```
. V . G N I G N I R B P U . .
P I G N I M O C E M O H . . S
A R N O I T I N G O C E R . W
R T . . S P R O T E C T I V E
E U . . S A U N T . . . . . E
N O C D . R E D L E L . . . T
T U F O L K S N . . . U . . H
A S E F M O T I E S . . D . E
G . . M S M H . . S . . . A A
E . . . O P I E . . O . . D R
. . . . T R T S . . . L . O T
. . . . H I M U . . . C R . .
T R U E L O V E N E O . . E .
. . . . . R G N H . . . . .
. . G R A N D M O T H E R . .
```

HAVE A BREAK, HAVE A NATURE
Puzzle # 31

```
. . I . . . E . H E . .
. K C O R . . A O A G .
T . E . R I V E R R . D
S . B . . . . I T S . I
U E E . . . . Z H H . . R
N . R N L . Y . O Q O Y
A . G E A A . L . N U R P
M . . S N C C . F . A E L
I . . N E E I I . R K . A
. W . O . A . R G . E . N
. I . W . T S E R O F T E
. N . . . . O . U L . T
. T . . . . N . H O . U
R E S T O R A T I V E . C . B
. R . T N A T U L L O P . E
```

HORTICULTURE, SINCE 1845
Puzzle # 32

```
. T R A N S P L A N T . . .
. . . . I R R I G A T I O N
. B L S U G N U F . . . .
S . R A N . . D T . . . .
U P D E C O M P O S I T I O N
C . R . H I I . . O E . .
C . . O O T N T . T R V .
U . . U E I A A . H . R .
L . . S T T W T R . R . A
E . . E . . A . O O . . I . H
N . . P . E . M . B P . V
T . . L . . S . I U . A . E
. . L L A F N I A R L . . V
R E L K N I R P S V B C . . E
V E G E T A T I O N S . . .
```

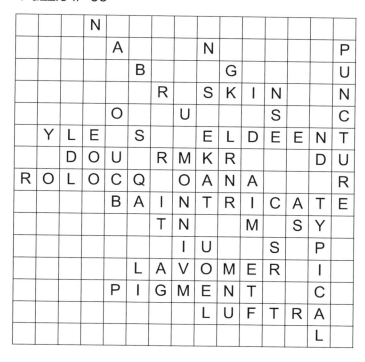

HOUSEHOLD ITEMS
Puzzle # 33

H	C	T	I	W	S	T	H	G	I	L		
P		E						S				
	H	F	I	L	E	C	A	B	I	N	E	T	R
R	O	L		B		R			E			A
E			N	E	T	A	B	L	E	S		N	D
F			E	H		T	B			T		I
R				S	S		E	E		S	O	L
I				G	T		E	D		A
G				N	N		F	D		O
E	N	I	C	I	D	E	M	I	A		F	I	T
R		B	M	U	U	C	A	V	T	L		O	N
A		R						N	P		C	G
T			O						I
O		I	R	O	N	I	N	G	B	O	A	R	D
R			M	U	G	S				P

I FALL FOR JAZZ
Puzzle # 34

	S	T	R	I	N	G	B	A	S	S			
						E	N	O	B	M	O	R	T
		J	A	M	S	E	S	S	I	O	N			R
	E	V	O	O	R	G							U
		V	S	Y		A	D		O				M
T			I	C	N	F	R	R		J			P
S			O	I	O	U	T	A		N			E
S	C	I	R	Y	L	T	M	S	S	O		A		T
		S			I	S	R	I	E	B		B
	G		S		N	U	A	O	H	Y
		U		A			O	H	N	C	E
			I		B	U	Z	Z	C			R	K
			T			P	I	A	N	O	O
A	Z	N	A	G	A	V	A	R	T	X	E
	S	I	N	G	E	R

I WISH I HAD A TATTOOS
Puzzle # 35

		N									
			A			N					P
				B			G				U
				R		S	K	I	N		N
			O		U			S		C
	Y	L	E		S		E	L	D	E	E	N	T
		D	O	U		R	M	K	R		D	U
R	O	L	O	C	Q		O	A	N	A		R
		B	A	I	N	T	R	I	C	A	T	E
			T	N		M		S	Y
			I	U		S		P
		L	A	V	O	M	E	R		I
	P	I	G	M	E	N	T		C
			L	U	F	T	R	A	L
								L

INSPIRATION FOR LIFE AND SUCCESS
Puzzle # 36

	M	I	N	D	F	U	L	N	E	S	S		
		C		E	C	N	E	I	L	I	S	E	R
D			O		T	H	I	N	K	I	N	G
G	E		E	M	D	R	A	H	K	R	O	W
N	V		R	P		N
	I	E		U	L	S	G	G	I	V	I	N	G
		H	L	Y	T	I	S	R	E	V	D	A
		G	O		U	M	E	O
		U	P		F	E	L	W
V	I	S	I	O	N	A	M		N	R	T
			L	E		E	T	A	H
		E	N	J	O	Y	I	N	G	U		E
S	M	I	L	E	D	U	T	I	T	A	R	G	F
												T

INSPIRED BY POETRY
Puzzle # 37

		S	U	B	J	E	C	T	I	V	E		
	E	L	O	B	R	E	P	Y	H				
	S	E	N	I	L		A						
P			N			A		Z					
	U		R		O	E		N		N		L	
		R		O		I	V		K		A		I
			P		H		S	I		V			T
	Y			O		P		U	T		E	E	S
		M			S	D	A	L	L	A	B	R	
	O	Y			E		H		L	R	A	S	
	O		N					T		A	R		E
	D		M	O	T	I	F		E		Y	A	
				T	S	C	H	E	M	E		N	
	R	E	F	E	R	E	N	C	E	S	R	E	V
			S	M	R	E	T						

IS SPOOKY HALLOWEEN IN YOU
Puzzle # 38

O	O	D	O	O	V	A	M	P	I	R	E	
		E			C							
Y		N			E							
	R	G	C		M	A	G	I	C			
G	I	H	A	F	L	E						
M	O	A	O	N	T		P					
A	O	S	N	F	S	D	R		U			
S	S	O	C	T	O	T	Y	H	M			
K	E	R	D	T		C	C	P				
B	E	B	R	E	L	O	T	K				
U	A	A	L	L	R	I						
M	M	Z	E	O	N	W						
P	Z	O	M	B	I	E	K	R				
S	W	S	T									

ITS A NEW WEATHER EVERY DAY
Puzzle # 39

			W	H	I	R	L	W	I	N	D	
		G		S	T	E	M	P	E	S	T	
	S	N	O	W		N	P					
		N		F		O						
	F		O			R	W					
	D	O		W	E	T	A	S				
	S	N	R	F	C	T	E	I	T			
	U	I	E	T	N	L	L	O	S	N	O	
	N	W	C	Y	I	A	O	R	N	B	R	
		R	D	A	P	A	K	U	N	U	O	M
		I	A	S	H	R	E	D	A	S	W	
		S	E	T	O		S	Y	D			
		E	H	O	O				O			
		H	N									

JULY 4TH AND FIREWORKS
Puzzle # 40

S		S										
	L	N	N	P	N							
D	O	O	O	A	A	T	N	A	I	L	A	V
	N	G	I	I	T	R	I	B	U	T	E	
	A	A	T	T	R	E						
L	L	N	H	A	A	I	T					
L	A	Y	E	Y	E	R	R	O	E			
	A	I	R	T	M	R	Z	E	A	T	V	
L	C	R	T	E	O	A	I	B	P	I		
	L	E	I	O	N	K	H	D	T	I	E	C
	O	Z	S	M	U	C	N	I	L	R		
	R	A	U	E	O	O	E	C			P	
	T	L	M	M	C	R	G					
	S	B				E						
	E	G	A	T	I	R	E	H	L			

JUNKYARD, THE BEST YOU CAN GET
Puzzle # 41

MAMMA MIA, THAT'S A SPICY OSCAR
Puzzle # 42

		C		P								
		H	H	C	D	E	T	C	E	P	S	E	R
		O	E	T	R	R	A	L	U	P	O	P
		R	L	E	E	E	F					
	S		E	L	R	P	N	O				
T	T	G	D	B	K	Y	I	R	N	R		
R	A		N	R		A	W	N	A	I	M	
I	R		I	A		M	O	G	C	W	E	
U	D		T	T	W	A	M	O		D		R
M	O		I	U	A	A	I	I	D		E	
P	M		E		B	R		D	L			R
H			S		G	E	N	R	E	F		
S	S	A	L	C	D	R	O	W	D			M
	S	C	R	E	E	N	P	L	A	Y		
	T	S	A	C	E	L	E	T				

MODERN FASHION AND CLOTHING
Puzzle # 43

MY KING
Puzzle # 44

					L		N	G	I	R	E	V	O	S
Y						A		W		C				
	C	A	S	T	L	E	Y		O	O				
	A							O	C	R	E	S	T	
	D	E	R	I	P	M	E		R	O	C		T	
	L	D	C	E	R	E	M	O	N	Y		O		
S		A	U	O					A		W			
	C		R	K	T			S	T	A	T	E		
	E		N	E	E	S			I		R			
	P		O	H		I	T	O						
N	R	O	B	T	S	R	I	F	R	N	O	B	L	E
	E		E		A			A	U					
	W		R		B			O						
	O						C							
	S	U	P	R	E	M	E							

MYTHOLOGY
Puzzle # 45

```
N E M E S I S . . . . U
. . . N E V A E H . . N
. . D A Y R D A . . D I
T I R I P S . R U A T N E C
. . . . A R . . . . M O
. A N I F F I R G O . . O R
H . S . . . S O R O M A N N
S T J U G G E R N A U T
. E N . D . . P R O W E S S
. . R I . E . . . . G
. . P R . M N E K A R K
. . . E Y E L A T K L O F
. . . . N B . . . . G
. . N A H T A I V E L
. . . . L
```

NEW YEAR, A NEVER ENDING STORY
Puzzle # 46

```
. . . . B . . U
. S K R O W E R I F N . U
C H A M P A G N E . . I P
D . P A R T I E S V . . T
R . . . N S L A O G O E
I . . . N . . . . G W . D
N Y . T H G I N D I M . N
K W R . . N . . . . . A
I . O A . G O U R M E T . H
N . D U S S E R D Y C N A F
G . . T N O I T C E L F E R
. R . N A
. A . . U J
. N . C L O C K
. . D . . C
```

NIGHTOUT AT THE COMEDY CLUB
Puzzle # 47

```
P A R O D Y T T I W
O . . . Y A L P D R O W
K . . J
E . . . N O I T A T I M I
F N . A R F C K . S
U . T . U O O R E A C T I O N
N . E . D M L E S . A
L . . R . I U L A H . G
. A . . T C E H Y T O . E
. . U . . A . N . I W
. . G Y L L I S C . V
. . . H . . N . E . E
. . Y T I R A L U P O P
. . . E C N A M R O F R E P
S M I L I N G
```

OKTOBERFEST MOMENTS
Puzzle # 48

```
. . . F O O D I E S
. . D . E
. . . E . . S M U N I C H
T G . . K . O T
R . E . . C M N E B
A . . R . A G . R I
D . . M . L P B . U E
I . P B R A T W U R S T R
T T R L . N N . E . L
I R E B O T C O E . W . U
O O T . S H . . V . E . C
N U Z . D O R . E . R
A P E . N C E . . Y
L E L R E G A L E
. S . . B A B
```

OLD COUNTRY FARM
Puzzle # 49

H	O	R	S	E	S	K	H					
	F	K		D	R		L	C				
	R	S	C	R	B	U	S	I	N	E	S	S
	U	E	C	O			T		M	A		W
	I	E		U	T		L		L	R		O
	T	D	W	G	L	S		N		U		I		C
	T	L	O	H		T	E	I		C	R	O	P	S
	R	I	R	T			I	V	A		I		S
P	E	N	K		G			V	I	R		R
	E	G	E			N			A	L	R		G
	S	S	R		E	Z	I	L	I	T	R	E	F	A
G	N	I	T	N	A	L	P	W			I		T
							O			O	
								S			N
	G	N	I	M	R	A	F	K	C	U	R	T

OLD FASHIONED WORDS
Puzzle # 50

S			J	U	K	E	J	O	I	N	T		
T			S	A	D	D	L	E	S	H	O	E	S
R		E		Y	O	B	E	G	A	P			
A			R			A	W	A	Y	W	E	G	O	W
I	S			O		R	O						A
G		P	R	E	T	N	U	O	C	N	A	E	B	T
H		A		S			W						C
T			T		T	E				H			H
E			S	O		M		C				F
N				R			I			T		O
U		H	C	O	O	M	S		D			I	B
P	E	S	N	E	F	E	D	L	I	V	I	C		P
			S	R	A	T	S	Y	M	H	O
		P	O	O	D	L	E	S	K	I	R	T	S
S	R	E	P	A	P	Y	N	N	U	F

PIZZA IS ALWAYS THE ONE
Puzzle # 51

			O	N	A	I	G	I	M	R	A	P
		P			V	S	G	N	I	P	P	O	T
E	C	I	L	S		P	E	P	P	E	R	O	N	I
S		E				G	N	I	K	A	B	P
	R	C	S			C	I	M	A	S	L	A	B
		E		N	O	I	T	A	I	R	A	V	N
		S	P	D	O	U	G	H	O
			P		I			T
	Y			E		N	I			A
		R		P		O	T		M
		E	A	L	L	E	R	A	Z	Z	O	M
	F	A	S	T	F	O	O	D		L			T
		A	N	C	H	O	V	I	E	S
			E					A
		T	S	U	R	C	N	I	H	T		N

PLAYGROUND FOR DOG
Puzzle # 52

							C		P
Y	T	I	L	A	N	O	S	R	E	P	L	L
				G	E	L	E	R	O	F	A	N	G
			M			S		Y	W
D	O	G	L	O	V	E	R		H		F
	T	N	E	I	D	E	B	O		E		U
	C	K				W	L		L
	H	I					T
F	R	I	E	N	D	L	Y		E	R
	P		C	D		O		R		A
		A		K	N		Y				E
		W		U	E		A				H
P	E	D	I	G	R	E	E	P	S		L
W	A	L	K	I	N	G			S		T
		B	R	E	E	D			Y

94

READING IS MY SPORT
Puzzle # 53

		S	C	A	N	E	G			Y	D	U	T	S
		C			O	S	N							O
N	K	H				N	N	I						L
B	O	O	K	S	H	E	L	F	E	R				I
		I	O		E		R		I	P	A			T
M		C	T	B		G		O		C	S	H		A
A	T	E		C		D		T		T	U	S	R
G		S	P		I			E		S		I	S	Y
A	N		E	A		F			L		K		O	
Z		I		R	C				W		O		N
I			N		E	S			S	O		O
N			R		T	E				E	N		B
E			K	R	A	M	N				P	K
S				E	L	I	B	R	A	R	Y
					L							T

RETIREMENT...YUP, THAT'S IT
Puzzle # 54

		Y	T	I	S	S	E	C	E	N				
		N	O	I	T	U	B	I	R	T	N	O	C
E		S	U	C	C	E	S	S	F	U	L		I
	G				S					D			N
	A		A	E		R					N	V
R	D	S	G		I	M		R	O	U	T	I	N	E
P	E	P	S	N	B	L	I	S	S	I	T			S
U	C	E		E	I		M	T	A		N	I		T
Z	I	N	R		L	C		E	E	V		E	M	M
Z	S	D		A		E	N		N	E	I		S	E
L	I	I			C		R	A		T	R	N		N
E	O	N				I	V				F	G	T
S	N	G					T	D					S
			N	O	I	T	A	X	A	L	E	R
		W	I	T	H	D	R	A	W	A	L

RUDOLPH THE RED-NOSED REINDEER
Puzzle # 55

		H		S	A	M	T	S	I	R	H	C
		Y	G	N	O	I	S	R	E	V		
	N	A	N	I	M	A	T	I	O	N		
Y	G	G	O	F	I	E		H		E	E	L	G
			O		H	L		I				
			R		S	S	T					
R	R				C	I	S	S	A	L	C	
	E	E	C	A	R	T	O	O	N	T		
	G	E	C	A	R	O	L	N		I	N	
		L	D	N		E		G		G	A	
		O	N	A		C				H	S
		W	I	D		A		T			T
			I	E			L	A		
	V	I	X	E	N	R		L	
				G			E	

SALON
Puzzle # 56

	W												
	E	P											
	A	E											
R	V	E	G	A	S	S	A	M					
C	E	L		P					N				
S	O	S	R	E	P	M	A	P		A			
C		M	S			O		H	S	I	L	O	P
R			B	E	A	U	T	I	F	U	L		
U			R	M		N		S	P	A			
B			D	R		T		X	I	F			
M	A	N	I	C	U	R	E		M	A			
				I	P		G	E	L	W			
		T	N	E	M	T	A	E	R	T	N		
	H	I	G	H	L	I	G	H	T	T		T	
		E	S	S	U	O	M						

95

SHAKESPEARE
Puzzle # 57

SHINE LIKE A FABULOUS DIAMOND
Puzzle # 58

SPECIAL OLYMPICS
Puzzle # 59

ST. PATRICK'S DAY
Puzzle # 60

96

SUMMERTIME FUN
Puzzle # 61

	F				N	G	N	I	P	P	O	H	S
		A				A				O			
W	E	G	S			E					O		
A			D	N	C	N	O	S	C	H	O	O	L
T	O		A	I	I		G	S	O				
E	A	V			N	D	N			N	P		
R		E	X	P	L	O	R	A	T	I	O	N	S
M		R	H			M	A	T			P	R	
E		N	E		D		E	O	I			M	T
L		I	T	T		R		L	B	O		A	S
O		G	S	R	A		E			E	N		C
N		H		R	I	W		A			K		
		T			A	P			M			A	
		S	I	G	H	T	S	E	E	I	N	G	W
G	N	I	M	M	I	W	S						

TEXAS HISTORY
Puzzle # 62

				B	A	T	T	L	E	C	R	Y	
			D	R	A	W	T	S	E	W			I
			C				A						N
			I			G							D
I		R	E	V	O	L	U	T	I	O	N		E
N		C	O	I	S	B			Y	N			P
S		C	O		L	L	N	U			V	B	E
I	Y	O	W	K	S		A	L	I	P		A	N
S	N	B		C	E		F	A	A	E		N	D
T	F	O	R	T	I	B		F	G	L	R	D	E
E	L	Y	L			R	I		U	E	P	I	N
N	I		M	O	D	E	E	R	F	B		T	C
C	C			C			V	T			S		E
E	T		O	U	T	B	R	E	A	K			
									K		M		

THANKSGIVING DAY
Puzzle # 63

		S	K	N	A	H	T	G	N	I	V	I	G
	N	S			B	D					I		I
	A	E			A	L	A				C		N
	T	C		T		I	E	N			T		T
	I	U		H	H		R	S	A		O		E
	O	L			G	T		E	S	C	R		R
	N	A	N			U	U		B	I	Y		M
	H	R		A		C	O	O	K	I	N	G	I
C	O	N	G	R	E	S	S		R	M		L	G	T
	O				B				D	Y			T
	D				B					L			E
L	A	C	I	R	O	T	S	I	H			P	N
	C	O	N	T	R	O	V	E	R	S	Y		T
E	C	I	F	I	R	C	A	S	N	A			
P	R	E	S	I	D	E	N	C	Y	D	C		

THE BEAUTY OF COLORING
Puzzle # 64

						W						
					O							
G	N	I	W	O	D	A	H	S		B			D
	T	N	E	M	G	I	P		S		N		E
E	G	A	M	I			S			E		I	T
	T	P					P		B	N			A
	P	A	T	T	E	R	N		L		O	I	I	R
	S	G	R	E	P	A	P	C	R	A	Y	O	L	A
	E		T	U			S			Y		K	
	S	N		S	Q			L	V				
	S		E		U	I			I		F		
		P		C		L	N		S	C	U		
			O		S		L	U	U		N		
			O				I	A			E		
			L				L				P	

THE FOODIE MAGICIAN
Puzzle # 65

S	K	I	L	L			K				
E		N	U	T	R	I	T	I	O	N	
A	H	C	T	I	N	P	O	T	S		C
S	T	U	F	F	I	N	G	C		E		U
O						H			V	L
N		S	T	N	E	I	D	E	R	G	N	I
I	G	N	I	K	O	O	C	N		N	N
N			N	G	E	D	A	N	I	R	A	M	K
G	C	O	R	D	O	N	B	L	E	U		R
	C	H	E	F	I	I				Y	P
			O		S	N				A	A
			O			S	I			R	L
			D			A	D			T	A
P	O	A	C	H	I	N	G			P		T
L	A	N	O	I	S	S	E	F	O	R	P	E

THE INDEPENDENCE DAY SPIRIT
Puzzle # 66

			N	A	T	I	O	N	A	L	D	A	Y
S	T	R	E	C	N	O	C		W	A	V	I	N	G
	L		S	C	I	N	C	I	P
	I	A		E	L	A	C	I	T	I	L	O	P	G
	N	V		U				B				O
		S	I		C			A				V
S			S	P	N		E	G	A	L	F		E
S	K			S	I	R		B		L		R
	E	R			E	R	A		R	G		N
	D	O			R	A	C	F	A	I	R	S	M
		A	W			G	T	E	M	B		E
	C	E	R	E	M	O	N	I	E	S		N
		A	R			O	O	R		T
V	I	S	I	O	N	P	I		C	N	F
S	E	H	C	E	E	P	S	F

JOBS
Puzzle # 67

	R	O	S	S	E	F	O	R	P			T
	Y	R	A	T	E	R	C	E	S			A
		R	E	M	R	A	F					I
	N	N	E	G	T	O	P					L
	U		A	T	N	N	T	I				O
	R	G		I	H	I	A	C	L	A	W	Y	E	R
A	S	E	E		C	G	R	T	O	O
L	E		H	O	C	I	I	E	N	D	T
	A	R		C	L	O	S	F	E	U
R	R	B	O		A	O	M	Y	E	N	O
	E	E	O	S		E	G	P	H	R	I	C
		T	C	R	P		T	I	O	P	I	G	C
			I	N	E	A			S	S		F	N	A
			R	A	R	C	H	I	T	E	C	T	E
			W	D		E				R

THE MAGIC OF CHRISTMAS
Puzzle # 68

			L	J	A	C	K	F	R	O	S	T
J		D	C	R	A
I		C	A	A	E	V	W	I	N	T	E	R
N	C		H	E	R	B	I
G		I		R	R	O	M	T
L			C	C	I	B	L	E	S	S	I	N	G	S
E		Y		L	A	S	R	S	C	E		R
B		A		E	N	T	E		E	F		A	L
E			D		S	D	M	G		D		T	I
L		L	E	G	N	A	L	A	N		I	G
L		C	A	N	D	I	E	S	I		T	H
S		M	U	S	I	C		S	E	G	U	T
			X	M	A	S	V	D	I
	N	O	I	T	A	R	O	C	E	D	E	N
S	A	N	T	A	C	L	A	U	S	B		G

98

THE SCARLET LETTER
Puzzle # 69

	R	E	M	O	N	S	T	R	A	T	E	
		S	U	C	C	O	R	E	V	I	L	E
	E			L				O				
		D	E	C	I	R	P	A	C	P		
H	N	M	I	E	N	A				R		
T	Y	G		F	V	I	V	I	F	Y		U
A		P	I	F	I	A	B	A	S	H		P
N		O	E		C	U						
G			C	F		E	G					
I			T	R				U				
B			U		I	N	F	E	R			
L			A	I	N	S	I	D	I	O	U	S
E		P	I	L	L	O	R	Y				
S	U	O	V	E	I	R	G					
	N	A	M	S	I	L	A	T				

A BIT OF FLOWER IN ALL OF US
Puzzle # 70

			E	P	L	U	M	E	R	I	A		H	
			S										Y	
M		A	I	L	O	N	G	A	M	P			D	
	U		A			R	S		I		E		R	
		M		I		C	W		N		O	A		
C	A	M	E	L	L	I	A	H	E		O		N	
				H		H	A	N	I	A		G	G	Y
				T		A	E	E	D	T		E		
			L			N		D	T	M		P	A	B
	L	I	D	O	F	F	A	D			O	O		E
			R		T	T		S			R	N		A
			I		U			Y				P	E	
			S	L	S				R					
				I							H			
				P								C		

TRAVEL AND LEISURE
Puzzle # 71

			F	R	U	S	D	N	I	W			
		D	N	U	O	R	G	Y	A	L	P		
	G	E	T	T	O	G	E	T	H	E	R		
	D	E	S	T	I	N	A	T	I	O	N		O
R	Y		U		P	W		B				D	R
E		E			O	G	I	E			U	Y	E
C		N		H	N	R	E		D		S	S	
R			R	C	T	I	T	K		G	S	O	
E	G	A	G	G	U	L	A	A	E	E	E	E	R
A				O		R	O	O	D	N	Y	T	
T	H	O	S	T	E	L	J		A	B	N	I	D	R
I	R				E			V		A	S	A	
O		E				T			A		C	V	
N		K		E	G	N	U	O	L		N		E
						H							L

VALENTINE'S DAY
Puzzle # 72

						Y							H
	G					S	R	I	B	B	O	N	E
	T	N	E	M	E	G	A	G	N	E			A
		I				D		T					R
C	H	O	C	O	L	A	T	E		N			T
B						R		N	V		A		T
C	O	U	P	L	E	F	A			A	O	F	H
	Y					O		I	D	N	L	T	R
E				F	A	V		A		O	L	I	O
	X					R	M		E	N	I	A	O	B
	C			I	O			E	C		T	F	N
		I			E	U			R	E		O	
G	I	F	T	S		N	R			O			N
				E			D				D		
	D	N	E	I	R	F	L	R	I	G			A

99

VISITING THE ZOO
Puzzle # 73

M	S	U			N			R	E	G	I	T
O	N		M			I			U		
T	N	A	H	P	E	L	E	F	U		D	M
K	K	R	A	E	B		O		G	O		E
E	E		O	T	N	L	X		N	O	I	L
Y				T	E	O	W			K	E
	Z		T	M	A	E	I	O		E		P
G	E		T	A	O	G	H	L	F	Y
	I	B		C	K		I	C	A	A
	R		A		R		L		E	E
	A	A	W		E		L		S	P
			F			E		A
			F			M
				E

WAKE UP WITH A POSTIVIE MOOD
Puzzle # 74

S	W	E	E	T			Y
	U		T	N	E	I	T	A	P	K
	Y	O	J	D						C		R
Y	T	I	R	G	E	T	N	I			U	E
A	C	C	E	P	T	A	N	C	E		L
			N		A			L			I
			E	D	I		O			E
	E	L	T	N	E	G	E	C	V		F
					T	E
	L	U	F	R	E	W	O	P	I	R
	F	O	R	G	I	V	I	N	G	C	P
W	O	R	T	H	Y	K				X	P
		A	N	T	I	C	I	P	A	T	E	A
	R	E	D	N	O	W	N	L	I	V	E	L	Y
	Y	F	S	I	T	A	S		D

WE BRING PHOTOGRAPHY TO LIFE
Puzzle # 75

			C	A	N	V	A	S		C
		I	L			L	T	R	I	P	O	D
	S	L	O		F	R	A	M	E		N
	C		L	S	E			C		M	T	B
D	E	U	E	N	V	I	S	I	O	N	A	A
N	S	U			O			F	C	C
E	U	I	P			K			T	K
R	O		I	M	A	G	E		P	G
Y		N	R				C	R	R
M	O	N	T	A	G	E			O	I	O
N	O	I	T	C	E	L	F	E	R	N	N	U
E	G	A	T	N	A	V		R	W	E	I	V	T	N
					O			E	D
					F		Y
	T	O	H	S	G	U	M

WEDDING, THE NEXT LEVEL OF LIFE
Puzzle # 76

			M	A	R	R	I	A	G	E
	G		D	N	A	B	S	U	H
	E	C	N	A	D	T	S	R	I	F		F
		O	I			E	S				L
		M	R		T		I				O
T			P		E			K			W
E	E	F	I	W		A	R	G			E
N	B	U	F	F	E	T	N		A		R
D		Q			A	I	S	L	E		G
E			U			L	O	K	A		I
R		S	W	O	V			N		R
N				B		W		O	S		L
E						O	T		H
S		G	N	I	T	S	A	L	B		I
S		D	I	A	M	S	E	D	I	R	B		P

WHAT BEING A DAD REALLY MEANS
Puzzle # 77

```
. . . G . . . . . P . . . .
P G N I D N A T S R E D N U
L . . E V I T R O P P U S .
A D G N I R U T R U N . . T
Y E . S . . . P D . . . . H
I D D . . S . S T E P U P A
N I I . . E L O O C . . N .
G C T . Y . . N . . . C K .
P A A . . Z . D . . . A . F
R T K . . . A J . N . . . U
O I E . . . G R O W I N G L
O . O C . . . . C B . K . N
E C N A D I U G . . . . . E
C . . R . L E D O M E L O R S
T . S E M A G Y L L I S . . S
```

WHAT BEING A MOM REALLY MEANS
Puzzle # 78

```
G . . . . D G N I T N E R A P
. N . L . G O S E L F L E S S
. . I . L H N O . . . . U . .
Y . . P . E E I H H . . . O .
Y T U A E B W A L R T . . . S
G S I . E . S R G E M . . . .
I U L T . L . T T G H R . . .
. V O I E D S . R B U T A . .
E . E I B A L . A R R O W . .
. M . B R A C I N G E E T M .
S Y O J I A . H H . H A S . .
. . S . R L . I C . . . K . .
. . E . T I . N . . . . . . .
. . W . H H . G . . . . . . .
. N I A P . . . . . . . . . .
```

WINERIES AND VINTNERS
Puzzle # 79

```
. N O I T A T N E M R E F
D R A Y E N I V . . . . .
L G R A P E V I N E S . .
. E . C O N S U M E E . .
. W R . C U L . . . . N .
G I I . O R L . . . I . .
Y N D N A . L . I . . . V
. E I I B . B A . T . . .
M A T U R . U . D S . . .
A . S S Q Y B A S E W I N E
K . T A I B . E . D . . .
E . . T L . T . . . . . .
Y R O V A S . E . A . . .
. . H I L L S I D E . H .
W I N E C E L L A R . C .
```

WOMEN HISTORY MONTH
Puzzle # 80

```
. I . . D O O H R E H T O M
. . N Y R A N O I S S I M . T
. . . V . R E T C A R A H C O
. E C N E T S I S R E P . . L
. . S . D N . . B P . . U E
. . T I . L T . R U . . P R
Y . . . S W N O I T A R I P S A
T A L E N T B V V P . R T N
C I M A N Y D . E O . A A C
. R . . R . M S . I N E
. . G . . A . P E . S D
. . E . . E A F . E I
H T G N E R T S . T U . N
. . N . H L . . G
. I Y
```

Just One More Favor I Need From You...

Hope you have enjoyed and had a great time finishing this word search puzzles book!

Reviews are one of the most important factors in a book's success. Even if you are a bestselling author, your new book--which you have toiled on for years--can have its chances of success ruined within a matter of moments by a few negative reviews (genuine or not).

It would mean so much to me if you would take a moment to visit the page (or any of my other titles) and leave an honest review, whether positive or negative.

To vote or review, just click on the link below or review it at product page.

Made in United States
Orlando, FL
17 December 2021

11942576R00059